若林正丈
Wakabayashi Masahiro

台 湾 の 歴 史

臺灣人的歷史

若林正丈拆解臺灣躊躇又持續變動的國族認同

李彥樺——譯

目錄

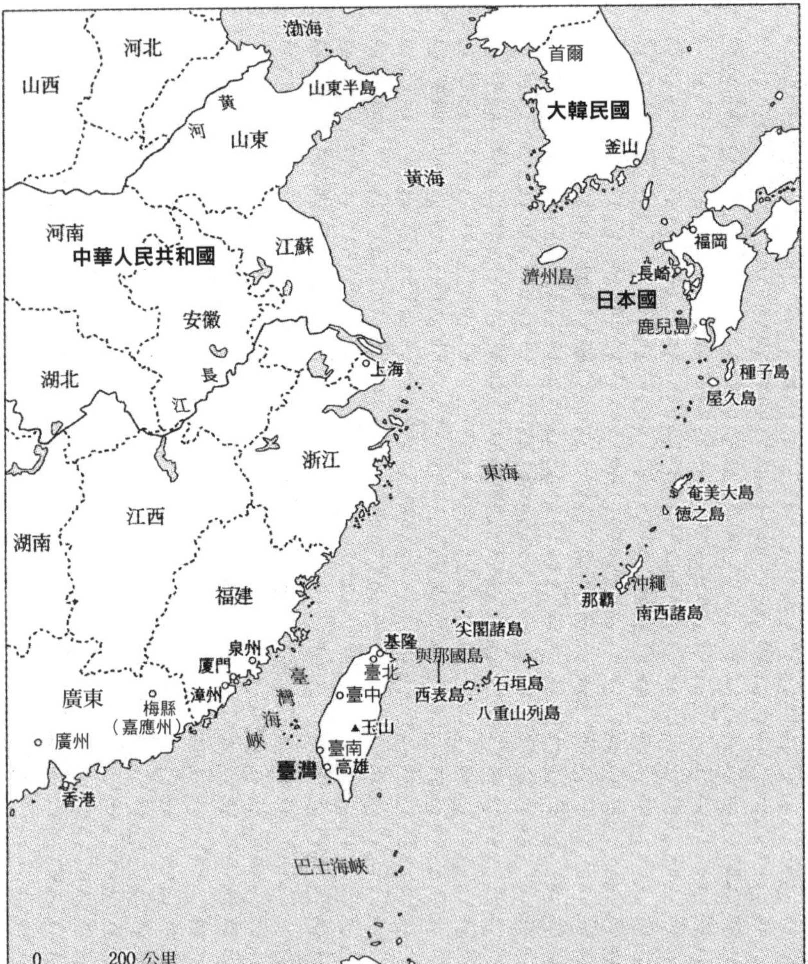

臺灣周邊地圖　臺灣位於「海洋亞洲」與「陸地亞洲」的「低壓槽」中。

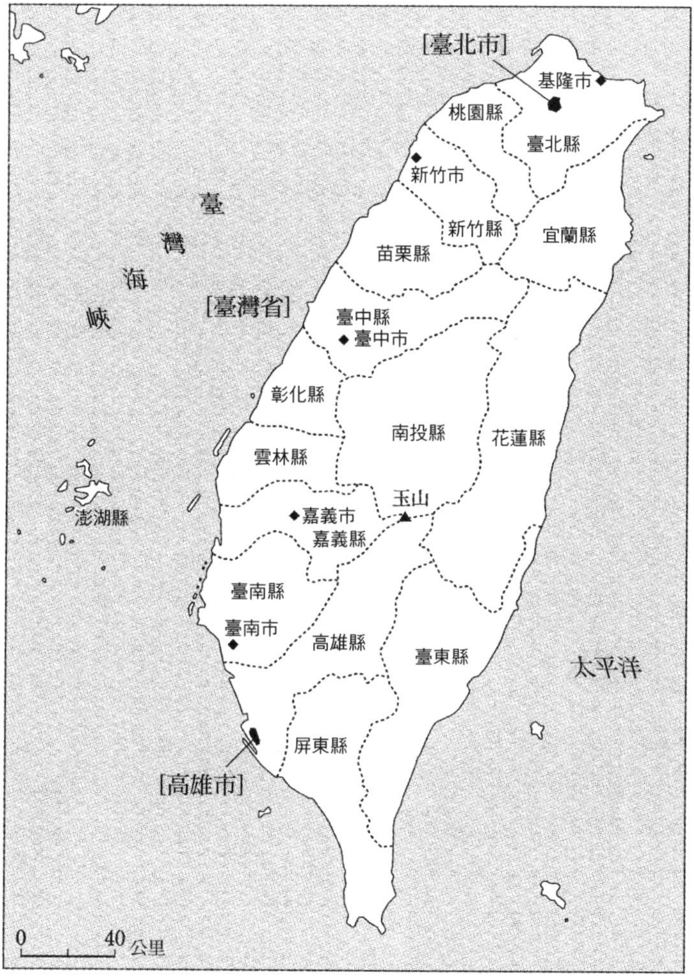

臺灣全圖（2001 年） 要看懂臺灣的行政地圖，必須先理解中華民國政府曾經堅持「代表全中國」的這個「虛構」前提。臺北市與高雄市是行政院直轄市，與臺灣省同級。臺灣省已於 1998 年 12 月被「凍省」。基隆市、新竹市、臺中市、嘉義市、臺南市是臺灣省的省轄市，與其他縣同級。（2010 年以來有不少縣市改制為直轄市，在臺北市、高雄市之後又有 4 個新的直轄市誕生。在 2010 年臺北縣升格為新北市，臺中市與臺中縣合併為臺中市，臺南市與臺南縣合併為臺南市，高雄市與高雄縣合併為高雄市，以及 2014 年桃園縣升格為桃園市。）

前言　芝山巖的景色

位於臺北市北部的士林地區，有一座芝山公園。該處其實是一座小山丘，或者該說是一座小小的岩山，名為芝山巖。芝山巖的巖頂有一座名為惠濟宮的廟宇。如今其周邊一帶被規劃為公園，成為附近居民休憩之處。這座小岩山，事實上正如同臺灣複雜歷史的縮影。

首先，我們談談惠濟宮。這座廟宇又名開漳聖王廟。「漳」指的是臺灣對岸的中國福建省漳州，與同省的泉州、廣東省的嘉應州並列，為臺灣漢族居民的三大原籍地之一。「開漳聖王」指的是唐朝末期官員陳元光，他奉皇帝之命進入福建南部，平定當地原住民，奠定漢族遷居漳州進行開拓的基礎。漢族移民視陳元光為開拓鄉土的鼻祖而加以供奉，皇帝也賜封其為開漳聖王。臺灣漢族移民的開拓自十七世紀初葉開始盛行，由南向北，從西部平原地帶到丘陵地帶、東部逐步推進。臺北盆地的全面開拓，則要等到十八世紀清朝乾隆年間（一七三六—一七九五年）之後。當漳州移民定居士林地區後，也在此祭拜家鄉的開拓之祖。

來到臺灣的漢族，當然並非在無人荒野中進行開拓。當時在西部平原上居住著後來被稱作「平埔族」的原住民族（「平埔」意指平原），在丘陵地帶至山區則居住著後來被日本當局命名為「高砂族」的諸多部族。遷入臺灣的漢族，有的單獨與當地原住民族進行貿易，並且透過婚姻融入部落；有的則集體與之發生衝突，逐漸擴大勢力，最終成為臺灣島上的主要統治勢力。臺北盆地原居住著一群名為凱達格蘭族的平埔族，但隨著漢族勢力的增長，凱達格蘭族作為臺灣族群的一支，與臺灣其他地區的平埔族一樣逐漸從該地消失。漢族在芝山巖建立開漳聖王廟，在廟裡祭拜觀音、開設學堂，其設施逐步完善的過程，同時也是凱達格蘭族從臺灣族群中逐漸消失的過程。惠濟宮，也就是開漳聖王廟，不僅象徵著此地的漢族開拓史，同時也象徵著其背後臺灣族群興衰交替的歷史。

此外，若繞到廟宇後方的公園內，在遮蔽臺灣強烈陽光的茂密樹叢下凝神細看，會發現一座祠堂與四座石碑。

所謂的祠堂，就是位於惠濟宮正後方的「同歸所」。「同歸所」祭祀的是在此地死於非命的無主孤魂，是來自廣東省北部嘉應州（即梅縣，臺灣漢族移民三大原籍地之一）的移民，也是漢族中地位特殊的「客家人」，他們說的是客家話。漳州人與泉州人所使用的語言則屬於閩南語（也稱福佬語。「閩」為福建的簡稱），漳、泉雖然發音略有差異，但雙方完全可以溝通，而客家語與閩南語則無法相互理解。

漢族移民在臺灣的開拓過程，不僅是漢族與原住民之間互相抗爭的複雜歷史，同時也是移民之間為了土地、水利等經濟資源相互競爭與衝突的歷史。在這樣的激烈競爭下，移民往往會以語言與習慣相近的祖籍地為依歸，各自形成勢力相互對抗。有時是漳州人對抗泉州人，有時是漳州人或泉州人對抗客家人，有時則是漳州人與泉州人聯合起來對抗客家人。這些都屬於臺灣歷史上「分類械鬥」的現象。大規模的械鬥經常演變成「民變」（也就是反抗官府的叛亂），而民變也經常以分類械鬥告終。在鎮壓民變時，除了官府軍隊之外，有時還會動員客家人組成的部隊，以「義民」之名投入戰鬥。一七八六年（清乾隆五十一年）發生的大規模民變「林爽文之亂」期間，叛亂者及附近大量居民試圖逃上芝山巖避難，但遭官兵與義民無情攻擊而大量遇害。有人撿拾遺骨並立祠祭祀，這就是後來的「同歸所」。一八四八年（清道光二十八年）又發生漳州人與大龍峒泉州人之間的分類械鬥，芝山巖再次成為戰場。事件平息後，因這次衝突而死亡的無主孤魂，也一併供奉在祠內。

四座石碑中的第一座是「學務官僚遭難之碑」。一八九五年，日本在甲午戰爭中獲勝，依據馬關條約迫使清朝割讓臺灣本島與澎湖群島。日本政府任命海軍大將樺山資紀（一八三七－一九二二年）率領一群文武官員，於同年六月十七日在臺北設立臺灣總督府。隔月，甫獲任命為總督府首任學務部長的教育家伊澤修二，借用芝山巖惠濟宮學堂成立學務部，同時任命數名學務部官員擔任教師，召集當地名流子弟設立「國語傳習所」（此處所稱「國語」指的是日語）。這裡既是日本在臺灣的殖民地教育之始，同時也是近代學校制度的濫觴。然而當時日本對臺灣的統治尚未鞏固。雖然同年十一月樺山大將向日本國內大本營報告「臺灣本島已平定」，實際上其後各地仍相繼出現地方勢力的抵抗行動。次年（一八九六年）元旦，由簡大獅等人率領的反抗勢力突襲臺北，吹響了臺灣居民的反抗號角，芝山巖的國語傳習所也成為攻擊目標，有六名日本籍學務部官員遭到殺害。前述石碑即是在同年六月，日本首相伊藤博文前來視察臺灣時親自題寫及豎立。此後，這六名官員被塑造成日本殖民地教育的「殉教者」，合稱「六氏先生」。日本人在師範學校宣揚所謂「芝山巖精神」，還在此地建了一座芝山巖神社，也陸續豎立多座刻有在臺灣去世的日本教師姓名的石碑。

日本戰敗後，國民黨政權遷臺，大量外省人隨之移居，芝山巖神社遭到破壞，「學務官僚遭難之碑」亦遭推倒棄置，直到近年因地方社區興起重拾歷史的風潮才得以修復重立。

芝山公園內的惠濟宮，若林正丈拍攝。

日式的墳墓「六氏先生之墓」，若林正丈拍攝。

從那裡再往更深處走去，還可看到一座看起來比較新的日式墳墓，這是在一九九五年一月由當地的熱心人士所建立的「六氏先生之墓」。芝山巖的國語傳習所，隨著不久之後臺灣總督府成立國語學校（後來的師範學校），被改建為第一附屬學校。之後又因專為臺灣本島人的初等教育而設置「公學校」的制度興起（從日本來臺灣的日本人子女就讀的是「小學校」，兩者有別），遂改制為「八芝蘭公學校」。其後隨著殖民地教育的發展，這所學校數次搬遷與更名，戰後最終成為了士林國民小學。一九九五年，士林國民小學成為臺灣唯一一所創校滿一百周年的學校。而建立「六氏先生」墳墓的熱心人士，都是這所士林國民小學在戰前的畢業生，包括臺灣人與日本人。

再更仔細一看，距離此處約十公尺的地方，還有一座中國風格的石碑。這座石碑是一九五九年由「陽明山管理局」所建的「芝山巖事件紀念碑」，碑文上所讚揚的是當年殺害「六氏先生」的簡大獅等人。他們在戰前日本殖民者口中是「匪徒」，在這碑文卻成了抗日義民。從過去中國國民黨政府的立場來看，這樣的認定可說是理所當然。

令人意外的是，就在這紀念碑旁，還立著一座表彰戴笠的紀念碑。戴笠正是過去中國大陸時代國民黨政治警察組織之一，即「軍統」的領導者。軍統除了在抗日時期對抗在中國大陸暗中活躍的日本軍特務機關，也曾因鎮壓中國共產黨及民主派人士而讓民眾畏懼。戴笠於一九四六年因飛機事故身亡。一九四九年，國民黨政府在對抗中國共產黨的內戰中失敗，逃亡到臺灣，當時約有一百萬名外省人隨政府遷居臺灣。包含軍統在內的情報機構，在國民黨逃亡到臺灣後，被重新整編於蔣介石之子蔣經國（一九一〇—一九八八年）的旗下。當時軍統相關人員多定居於芝山巖附近，國家安全局等情報機構也多設置在這一帶。芝山巖旁邊有一條雨農路，附近還有一間雨農國民小學。「雨農」即為戴笠的號。戴笠的紀念碑立在芝山巖，應該正是基於這個緣故。戰後，新的移民表象再次融入了芝山巖

遭到紅色噴漆洗禮的「學務官僚遭難之碑」，若林正丈拍攝，2001 年 5 月。

這個空間之中。

雖然在公園樹蔭下乘涼的當地居民們臉上的表情看起來無憂無慮，但想到開漳聖王廟所象徵的開拓歷史，以及其背後逐漸凋零的平地原住民所經歷的過去，並遙想四座石碑所呈現出的那些來到臺灣又離去或長期滯留的國家痕跡，這個小小岩山所承載濃密的歷史，簡直令人感到窒息。

不僅如此，二〇〇一年春，小林善紀所著漫畫《台灣論》[1]發行中文版，書中有關「從軍慰安婦」的敘述在臺灣鬧得沸沸揚揚，前述「學務官僚遭難之碑」與僅存的在臺殉職日本教師紀念碑上，亦被人以紅色噴漆寫上「侵略者死」、「殺、殺、殺」等字樣。芝山巖內瀰漫著濕熱的空氣，至今仍令人為之動容。

一九七二年，日本與中國（中華人民共和國）建交，與臺灣（中華民國）斷交，此後臺灣彷彿一度從日本的輿論圈中消失了。日本政府透過與中國建交、與臺灣斷交的政治決

① 「臺」、「台」兩字通用，在本書中均使用「臺」，若出版品或法案等名稱使用「台」，則保留其用詞。

定，彷彿為日本社會提供了「不必再理會臺灣」的免罪符。然而臺灣本身並沒有消失，仍舊在相同的地方。臺灣依然是日本的南方鄰國，而且憑藉其驚人的經濟成長與近年來的民主化，逐步提高了其在國際社會中的能見度。在民主化的同時，臺灣與長期不相往來的中國之間也開始了民間交流，雙方現今已形成緊密的經濟關係。過去被視為冷戰與分裂之海的臺灣海峽，現已逐漸轉變為通商之海。然而由於兩岸皆興起了國族主義的浪潮，伴隨著冷戰後中美關係的質變，臺灣海峽就跟朝鮮半島一樣，成為區域內緊張局勢的根源。臺灣及相關國家（特別是中美兩國）將如何因應這種緊張情勢，將會大幅左右二十一世紀東亞的局勢。

當我們在思考「臺灣問題」時，不妨稍微回顧一下臺灣短暫、複雜而濃密的歷史。針對那體現在芝山巖內濃密的歷史，本書將嘗試加以解讀與爬梳。

第一章

在「海洋亞洲」與「陸地亞洲」之間

——東亞的「低壓槽」與臺灣

「中國大陸的東南方，東北亞的西南方，東南亞的東北方」

一位臺灣學者曾如此描述臺灣：「臺灣位於中國大陸的東南方，東北亞的西南方，東南亞的東北方」（張勝彥等編著《台灣開發史》）。這樣的描述確實相當貼切。若從這三個地緣區域來看，臺灣都是在最邊緣的位置，亦即位於邊陲地帶。自古以來根植於中國大陸且不斷擴展的漢族優勢社會，最遠到達臺灣東部；而二戰前「大日本帝國」的統治疆域，也以臺灣南端為其疆域的南界。此外，若從原住民的文化圈來看，臺灣則位處廣泛分布於東南亞的馬來—玻里尼西亞（Malayo-Polynesian）文化圈的北方邊陲上。

筆者的一位臺灣友人曾說：「將包含臺灣的區域地圖轉成東方朝上，看起來會舒服得多。」因為這麼一來，原本在西方讓臺灣感覺備受壓迫的中國大陸，此時會跑到下方，臺灣看起來就像橫躺在中國大陸之上，且與過去殖民統治過臺灣的日本並列在同一高度。但即便如此，臺灣與中國大陸還是太近了。即使躺著往上（東側）仰望，也只能看到茫茫的太平洋。而背後的正下方（西側），便是廣大的中國大陸。隔開中國大陸與臺灣的臺灣海峽，最寬處也僅約一百三十五公里。臺灣雖然不能算是中國大陸的沿岸島嶼，但仍是相當接近的鄰近島嶼。

由此可知，當我們將亞洲視為一塊巨大的陸地時，臺灣的地理位置顯然為其歷史賦予了多重意義上的邊緣性。而其中最重要的邊緣性，莫過於臺灣為中國大陸邊緣上的島嶼。自十七世紀起，中國大陸百姓陸續來臺，因為兩地相距甚近，所以在臺灣形成以漢族為主體的社會之前，往臺灣的移民潮從來沒有停止過。這使得臺灣呈現出濃厚的中國社會沿海特色。

「海洋亞洲」與「陸地亞洲」之間的「低壓槽」

然而若我們改變視角，以海洋作為觀察亞洲的焦點，也就是將東北亞到東南亞之間，除中國內陸地區以外的廣大海域（西太平洋海域圈）視為一個整體時，臺灣便不再處於邊陲地帶。

根據白石隆的說法，廣義上的東亞（即東北亞及東南亞）的歷史，是由「海洋亞洲」與「陸地亞洲」相互影響之下所開展而成。「海洋亞洲」指的是「對外開放、透過貿易網絡相連的資本主義亞洲」；而「陸地亞洲」則是「向內發展的亞洲、鄉紳與農民的亞洲，以及農本主義的亞洲」。這兩種亞洲之間的界線，就像「低壓槽」一樣，在歷史上不斷變動。典型的「陸地亞洲」，即內陸地區隨軍事霸權而興衰更替的歷代中華王朝；而近代以降的「海洋亞洲」則先後在「英國的自由貿易帝國主義」與「美國和平」所引領的各國族國家興盛中勾勒出國際秩序的輪廓（白石隆《海洋帝國》）。

從宏觀的立場來看，臺灣的歷史其實就是「海洋亞洲」與「陸地亞洲」之間的「低壓槽」在臺灣這個「位置」附近來回移動的過程。若這個「低壓槽」位於臺灣海峽以東，臺灣便會被中國大陸的影響力所籠罩；若「低壓槽」向西移動，則在中國影響力減弱的空隙中，包含海洋勢力在內的各個國家便會將其影響力伸入臺灣本島。當處在後者的局勢下，臺灣所具有的西太平洋海域圈中的非邊緣性，會較其多重邊緣性發揮更巨大的作用。雖然政治上可能激烈動盪，卻能為經濟發展帶來新的刺激。這樣的勢力消長，使得臺灣成為荷蘭、中國、日本，乃至美國等勢力交互影響的區域，島上居民便生活在這種多重意義上的邊緣性之中。這不僅造就「臺灣」，也為中國社會的「沿海」歷史賦予了獨特的性格。正因如此，我們才能得以深入闡述所謂的「臺灣史」。

形如蕃薯的島嶼

如果說中國大陸東側就像一片向外突出的大肚子，那麼臺灣就是位於大肚子前方的一座大島。由於該島嶼呈現在地圖上的形狀，臺灣人常將這座島比喻為蕃薯。島嶼中央有一道南北延伸的險峻山脈，其中的最高峰玉山（舊稱新高山）的高度略高於富士山（海拔三千九百五十二公尺）。中央山脈西側為肥沃的平原地區，但東側除了北部的宜蘭平原之外多屬山地，開發較為遲緩。面對臺灣海峽的西部海岸因海流因素容易堆積沙土，因此只有北部的基隆與南部的高雄這兩個呈現谷灣地形的地區，具備天然的良港條件。

臺灣（包括澎湖群島在內）面積約三萬六千平方公里，比日本的九州略小，比中國的海南島或荷蘭稍大。人口約二千二百三十萬人（截至二〇〇〇年），略多於馬來西亞，略少於北韓或東歐國家羅馬尼亞。

臺灣人常使用「臺灣四百年歷史」這種說法。這是因為臺灣真正登上世界史的舞臺，是從十七世紀中國大陸的漢族移民變得活躍之後。然而這種說法也容易造成誤解，因為一旦認定臺灣歷史為「四百年」，往往就忽視了原住民族的存在。事實上，一些使用南島語系語言的原住民族，在漢族或其他擁有文字的民族渡海前，就已經在臺灣生活了非常漫長的歲月。距今約兩千數百年前遺留下來的金屬器時代遺址，據推測便是今日臺灣原住民族的祖先所遺留下的歷史痕跡。

但從另一個角度來看，「臺灣四百年歷史」這種說法，充分呈現出了臺灣雖然置身在歷史悠久的中國旁邊，可是文字紀錄的歷史卻比中國短得多。而且在這「四百年」中，包含了外來統治者數度交替與中國大陸移民潮及其落地生根的歷史，還有隱藏在這背後對原住民族壓迫與同化的歷史，以及不同時期定居於臺灣的各種族群之間複雜關係的歷史。這些因素交織而成的歷史，正是筆者在臺北芝山公園中所感受到的那個令人窒息的濃密歷史。為了方便讀者們理解這些內容，筆者將文字歷史時代以來的臺灣史概要整理成表（參見圖表1-1）。

荷蘭東印度公司與鄭成功

從「臺灣四百年歷史」這個說法，亦可看出十七世紀對臺灣歷史來說是一個關鍵性

日本統治時代 （1895 － 1945）	中華民國統治時代 （1945 －現在）
「大日本帝國」的殖民地／「新領土」（模糊的國民化政策）	中華民國臺灣省→身為分裂中國國家之一部分的「中華民國」／實質上臺灣為一個國家的「中華民國在臺灣」
臺灣總督府	中華民國政府（首都南京→臨時首都臺北／中國國民黨一黨專政→民主體制）
日本官員、工商業者、技術人員等約 600 萬人	外省官員、軍人、士兵、知識份子及其家屬等，大多數為漢族，占總人口約 13％
日本人／漢族（本島人）／原住民（「生蕃」= 高砂族）	從漢族（本省人、外省人）／原住民（山地同胞）→「四大族群」（福佬人、客家人、原住民、外省人）
商業性農業的集約化發展／近代製糖業的發展／戰時初步工業化	紡織產品等的替代進口工業化→以紡織、家電為主的出口導向型工業化及石化產品等的替代進口工業化→產業高度化以及成為資本輸出國
日本（砂糖、蓬萊米）、歐美（茶、樟腦）	美國（紡織品、雜貨、家電產品） →美國、日本（電腦）、中國（石化產品）
強化與日本整合並限制與中國大陸往來	敵對→「經濟結合・政治疏離」→東亞安全保障的焦點

圖表 1-1　臺灣文字歷史時代各時期之特質一覽

	荷蘭統治時代（1624 － 1661）	鄭氏統治時代（1661 － 1683）	清朝統治時代（1684 － 1895）
地域性質（國際社會中的地位）	重商主義國家的殖民地、貿易據點（北部地區一度被西班牙占領，之後被荷蘭驅逐）	武裝海洋貿易集團＋流亡中國政權（「南明」）的割據地、貿易據點	中華王朝直轄的一個地區
統治機關	荷蘭東印度公司（總部位於巴達維亞）	「東都」（後改稱「東寧」）政府（位於今日臺南）	福建省臺灣府→臺灣省
外來移民（→總人口）	漢族農民、商人約幾萬人	漢族軍人、士兵、官員、農民等約10幾萬人	漢族農民、商人等約290萬人
族群關係	荷蘭人／原住民／漢族	漢族／原住民	漢族（泉州人、漳州人、客家人）／原住民則（「熟番」、「生番」）
經濟發展	農業開發空間擴展（平原開發→丘陵開發） 商業性農業的發展（砂糖、米→砂糖、茶）		
主要輸出地區	日本、中國大陸、東南亞（鹿角、鹿皮、砂糖）		中國大陸（米、砂糖）→歐美（茶、樟腦）、日本（砂糖）
與中國大陸政權的關係	共存	敵對	緩慢整合→強化整合

表格內容／若林正丈

的轉捩點。最早接觸臺灣的是來自歐洲的重商主義勢力，但是當清朝將臺灣納入版圖之後，這座島嶼首次受到中國大陸政權的統治。自此之後，隨著來自對岸漢族移民的持續拓展，今日所見的臺灣社會基本性質（以漢族為主，內部含有少數原住民族的社會）大抵成形。

首先我們來看看臺灣與中國大陸的歷史關係。最早在臺灣定居下來的，據推測可能是漁民。他們最初生活在臺灣海峽南部靠近臺灣本島一側的澎湖群島。元代時，朝廷在澎湖島設置了名為巡檢司的官府機構。明代之後，也開始出現極少數長期定居的人口。但即使如此，中華王朝的影響力在這些時期尚未及於臺灣本島。有些學者認為，《三國志》中所記載的「夷州」及《隋書》中的「琉求」即為今日的臺灣本島。但即使這些推測都是對的，前述史書紀錄充其量只不過是三國時代吳國孫權及隋朝的隋煬帝曾派遣將領前往臺灣，帶回了零星原住民，其交流可說是相當有限。

最先將一個可稱之為「國家」的機關及一套能夠從上而下掌控居民的技術與治理組織帶入臺灣本島的勢力，竟然是荷蘭。這個歷史事實彷彿是在嘲笑著中華王朝對臺灣的行動過於緩慢。但此處所謂的荷蘭，並非指荷蘭這個國家本身，而是一個企業國家，也就是荷蘭東印度公司。自十七世紀初起，荷蘭東印度公司便與葡萄牙、西班牙等勢力爭相在東亞擴張地盤。起初荷蘭東印度公司試圖占據臺灣海峽內的澎湖群島，並與明朝發生過戰鬥。到了一六二四年，荷蘭東印度公司在臺灣南部（今臺南市）設置了貿易及統治的據點，逐漸向周邊原住民進行壓制及傳教，並從臺灣對岸的福建地區招募漢族農民，讓他們種植稻米及甘蔗。初期的目的只是想把臺灣當作中國、日本與南洋、歐洲之間的貿易轉運基地，但漢族農民生產的蔗糖及漢族商人向原住民收購來的鹿皮，意外成為臺灣獨特的重要出口商品。此後一直到二戰結束後的初期，蔗糖都是臺灣的重要輸出物，但鹿則因過度捕獵，到十八世紀時已從臺灣的平原地帶絕跡了。

在這段時期，荷蘭主要盤據於臺灣南部，而西班牙則於一六二六年占領了臺灣北部的淡水及雞籠（後來的基隆）。但在對日本、中國的貿易與傳教皆不如意的情況下，西班牙逐步縮減駐軍，最終在一六四二年被荷蘭驅逐。西班牙隨後將活動的重心移往菲律賓。

其後從福建向中國東南海域擴張勢力的鄭氏集團，將已在臺灣南部建立貿易據點的荷蘭逐出了臺灣。此時在中國大陸內部，明朝已被興起於北方滿洲的清朝所滅。鄭成功（一六二四—一六六二年）高舉「反清復明」旗號，兩次率領水軍試圖攻占南京，但皆告失敗，鄭成功因此轉而渡過臺灣海峽，尋求培養勢力的基地。鄭氏集團「以大海為疆土、以艦隊為國家」（宮崎市定《中國史　下》），是中國史上罕見的海上武裝貿易勢力。不僅軍人與士兵，受「反清復明」旗幟吸引而渡臺的文人官員也不在少數。他們實行屯田制度，士兵們在中南部各地駐屯及開墾，官員們則模仿中國王朝，建立起了小型政府及地方行政機構來處理政務。正因為這種勢力的出現，臺灣才正式被納入中國史的領域。

清朝統治臺灣

稱霸中國大陸的清朝，不僅消滅了鄭氏，還將臺灣納入版圖。清朝將臺灣置於福建省管轄下，在今天臺南一帶設置臺灣府，正式開始了對臺灣的統治。

然而清朝軍隊之所以全力攻打臺灣，目的僅在消滅反清的鄭氏勢力，而非為了積極將臺灣納入版圖以擴展統治疆域。這一點從當時康熙皇帝（在位一六六一－一七二二年）所說的「臺灣僅彈丸之地，得之無所加，不得無所損」（《清聖祖實錄選輯》）這句話，便可窺知一二。當時清廷內部一度盛行放棄臺灣的主張，但率領清軍渡臺討伐鄭氏的福建水師提督施琅（一六二一－一六九六年）卻不認同此主張，他提出「臺灣雖一島，實腹地數省之屏蔽，棄之則不歸番（指原住民）、不歸賊（指鄭氏之類的反清勢力），而必歸荷蘭」的看法，強調其國防上的必要性，因此清廷最終決定正式將臺灣納入版圖之中。

稍微岔開話題，值得注意的是，這種從地理位置來賦予臺灣地緣政治意義的論述，在兩、三個世紀之後，竟獲得了不謀而合的共鳴。

例如率領「黑船」將日本江戶幕府從太平盛世的睡夢中喚醒的美國培里提督，在等待江戶幕府回覆期間，曾派遣手下前往臺灣北部調查港灣及煤礦資源。他在返國後，根據手下的調查報告提出了應該占領臺灣的主張。他表示：「臺灣的位置非常適合當作美國的遠東商業物產的轉運基地。以臺灣為起點，可建立與中國、日本、交趾支那（越南南部）、柬埔寨、暹羅、菲律賓及周邊地區之間的航路」、「從軍事角度來看，臺灣的戰略價值更是重要，占領臺灣即能掌控清朝南方一帶」（United States Japan Expedition by Com. M. C. Perry）。無獨有偶，一八九四年甲午戰爭爆發後，井上毅在一封向首相伊藤博文提交的意見書中指出：「占有臺灣者，可能扼黃海、朝鮮海、日本海之航權，而開闔東洋之門戶焉……若失此機會，二、三年之後，臺島必為他一大國之有矣」（《伊藤博文關係文書一》）。②

再往後一個世紀，中國最高領導人鄧小平也提出了類似看法：「若不統一，則無法保有臺灣的地位。不這麼做，臺灣便會落入其他國家之手，例如美國或日本」（Far Eastern Economic Review, Apr. 30, 1987）。

回到原來的話題。清朝雖然決定將臺灣納入版圖，但直到十九世紀後期西方勢力再度覬覦臺灣之前，清廷的基本態度都是避免臺灣再度成為反清勢力的溫床及帶來麻煩的禍源。清朝是最後一個中華王朝，同時也是東亞最後的前近代帝國。它既無意願、也無能力像現代國家那樣在領土全境實行統一且均質的統治。前近代的中華王朝對臣屬地區的習俗與制度，一般採取消極干涉的態度，僅在王朝秩序受到攪亂時才會出手干預，清朝對臺灣的態度正屬此例。

源源不絕的移民浪潮

基於這樣的基本方針，清朝採取了一系列對策。例如對派駐臺灣的官吏實行嚴格的三年輪替制度，且禁止官員攜家眷赴任，以防止官吏與當地勢力勾結。留在大陸的家屬，幾乎就像是人質一般。這樣的政策導致「胥吏」（基層官員）恣意壓榨百姓，加上當時臺灣社會正處於開拓時期，風俗民情帶有如同「西部片」般的暴戾氣息，因此「民變」時有所聞。為避免民變勢力取得武器，甚至實施了嚴格限制鐵製器具的輸入及生產的許可制度。

在這些限制政策中，最重要的是嚴格管制大陸居民渡臺。這項政策就是後人所稱的「渡臺三禁」，除規定無家眷或有犯罪前科者必須遣送回原籍地之外，還規定①無原籍地官吏與臺灣官吏開具之證明書者禁止渡臺；②禁止攜帶家眷赴臺及禁止赴臺後召喚家眷赴臺團聚；③禁止廣東省人民渡臺（理由是廣東省多海盜）。

但整體而言，臺灣被納入清朝統治下，對於中國大陸移民來說仍屬有利。因為至少大陸與臺灣受到相同政權管轄。大陸百姓希望在臺灣的肥沃土地上尋求另一片天的意願極其強烈，官府的禁令並未發揮太大效果。移民的浪潮一直持續到十九世紀初葉，漢族的開拓區域從荷蘭時期開始發展的臺南地方，逐漸往南至下淡水溪（今高屏溪）流域，往北先至

② 譯註：原文為漢文，筆者引用伊藤潔《台灣》中的漢文日式讀法，今中文版回歸原始漢文。

中部彰化平原，再往北至臺北盆地，並由此東轉進入東北部的宜蘭平原。

在這個過程中，臺灣人口也迅速增加。漢族人口從鄭氏政權末期的約十七萬人，到一八二四年已達約一百七十九萬（Shepherd, *Statecraft and Political Economy on the Taiwan Frontier 1600-1800*），成長約十倍。一九〇五年臺灣總督府進行了日本統治下的首次人口普查，當時臺灣總人口約三百零四萬人，其中日本人約五．七萬人，因此十九世紀末期的臺灣人口約為三百萬人。

隨著人口增加與可課稅地區擴大，清朝也不得不擴展與充實行政機構。但這些行政擴充往往肇因於大規模內亂及晚清時期的外國侵略。最初的「一府（臺灣府）三縣」在一七二七年擴增為「一府四縣二廳」，原因便是席捲全島的朱一貴之亂。到了一八七四年，日本在明治維新後派兵攻打臺灣南部，清廷趕緊新設了臺北府。一八八四－一八八五年的中法戰爭（法軍一度占領澎湖群島，臺灣北部亦發生戰事）之後，清廷更將臺灣從福建省獨立出來，設立了臺灣省。

「四大族群」與多重族群社會

另一方面，想要真正理解臺灣，除了前述臺灣地理位置的意義之外，臺灣社會的族群多樣性也是不容忽視的要素。隨著漢族移民成為臺灣的主要勢力，在臺灣社會內部，即使同屬漢族，也存在著彼此涇渭分明的各種不同族群。產生這種族群差異意識（亦即存在族群界線〔Ethnic boundary〕）的背景因素，包含了各族群移居臺灣的歷史過程不同、語言與原籍地的文化差異，以及政治、經濟資源分配上的差異等等。當然除了漢族內部之外，原住民與漢族之間也存在族群界線。

現今臺灣社會廣泛使用「族群」一詞來對應英文中的「ethnic group」。實行民主化之後，臺灣社會內部興起一種重新審視臺灣文化多樣性的風氣，許多人開始使用「四大族群」這種說法來描述臺灣社會中的族群樣態。這四大族群分別為「原住民」、「福佬人」（祖先來自福建省南部，又稱「閩南人」，「閩」為福建省簡稱）、「客家人」（以客家語為母語的漢族支系，臺灣的客家人主要來自廣東省北部）及「外省人」（戰後從中國大陸各地移居臺灣者，多數為漢族，但也包含少數蒙古族、回族、滿族等少數族群，近年來也被稱為「新住民」）。③

所謂的「四大族群」，若從實際人口比例來看，根據一九八九年（當時總人口約二千萬人）語言社會學者黃宣範的推估，依前述順序分別為一・七%、七三・三%、一二%、一三%（黃宣範《語言、社會與族群意識》）。這樣的人口比例，或許形容為「一小一大二中」才更貼近事實。臺灣人使用「四大」這個說法，應是基於這樣的稱呼能反映出臺灣人對文化多樣性相互尊重的主張，符合臺灣居民對國家認同的理念。再者，這些族群之間的關係，亦即族群界線的存在方式，雖然互有差異卻又彼此互相重疊。因此筆者認為可以借用臺灣人所稱的「族群」一詞，用「多重族群社會」來形容根據前述角度所觀察的臺灣社會特性。多重族群社會同時也反映出了臺灣歷史的邊緣性，因此有必要再次回顧一下歷史。

原住民與漢族的關係

十七世紀末，將臺灣納入版圖的清朝，對於從中國大陸渡臺的移民採取了嚴格限制的政策。至於已經進入臺灣島內的漢族，清朝到了十八世紀，開始實行限制其進入原住民居住區域的政策，也就是所謂的「劃界封山」政策（即劃定原住民的居住地界線，禁止漢族進入）。但正如限制移民政策一樣，此政策的效果也很有限，清廷仍被迫追隨漢族開墾區域的擴展，而擴大其行政範圍，如下一章所述，最終將山地的原住民也納入統治範圍內。

臺灣的原住民在人種上屬原馬來人系統（Proto-Malay），使用的是南島語系（Austronesian languages）的語言。他們廣泛分布在臺灣西部平原地帶、中央山脈、東部地區乃至東部沿海島嶼，以狩獵、捕魚、火耕維生。根據清朝文獻的記載，他們在政治上是以「社」為部落的基本單位，「社」之上並沒有更大的組織，頂多是「社」與「社」可能組成聯盟。

清朝將納入統治之下的「社」的居民稱為「熟番」，允許他們使用漢族姓氏，並要求他們以「社」為單位承擔納稅義務（稱為「番餉」）。未受統治者則稱為「生番」，官府

③ 譯註：在二〇〇一年的時候，日本學界會把「外省人」歸類在「新住民」的範疇內，與現今內政部移民署對「新住民」的定義有所不同。

並不積極將之納入統治範圍內。「生番」多居於山區，因此也稱為「高山番」。相對地，「熟番」主要是漢族移民開拓較早的西部平原的原住民，因此又稱為「平埔番」。清朝基本上採行隔離政策，「使生番在內（指中央山脈側），漢民在外（指平原地帶），熟番間隔於其中」，藉此讓各族群互相牽制，以達到統治的目的。

在西部平原鹿群豐富的時代，移民往往成為「番餉」的承攬人（他們以鹽及日用品與原住民交換鹿皮、鹿肉，再以獲利的一部分代為繳納番餉），後來鹿群因濫捕而數量銳減，同時清廷也開始注意保護熟番，移民又轉而投入「熟番」土地的開墾與耕作，逐漸鞏固了對土地的實質支配權。

隨著漢族漸漸在社會地位上取得優勢，熟番開始接納漢族的語言和風俗。此外由於熟番部落有時會與漢族村落發生衝突，部分部落為逃避漢族的欺壓，被迫集體遷移到中部的埔里盆地或東部地區。基於這種種原因，西部平原的「熟番」與漢族之間的族群界線逐漸失去了意義。

「分類械鬥」

如前文所述，從中國對岸移居臺灣的漢族移民多來自福建省南部的泉州府、漳州府以及廣東省的嘉應州。最早開始出現移民風氣的是福建省南部的居民（福佬人），鄭成功本人及其部下也都是福建出身。而來自廣東省嘉應州的移民則是客家人。前文亦曾提及，清朝初期對廣東省的渡臺禁令較為嚴格，因此客家人渡臺的時間比漳州人、泉州人更晚。

自十八世紀乾隆年間起，隨著渡臺移民人數急速增加，爭奪農業資源的競爭也日益激烈。為了有利於土地的開發，移民們通常按原籍地形成村落。由於土地與水利的問題，這些村落之間長期維持著緊張狀態。一些微不足道的小衝突，往往就會演變成泉州人、漳州人或客家人手持武器集體爭鬥的事態，這就是臺灣史上著名的「分類械鬥」。「分類」（即按特定性質特徵各自朋黨聚集的現象）除了發生在三個族群之間，也會發生在各種不同的勢力組合之間。因此在這個時期的臺灣社會，除了漢族與原住民之間存在著界線之外，泉州人、漳州人與客家人之間，也存在著具有社會及政治意義的界線。這些界線往往是以祖籍地與語言來劃分，因此視之為族群界線亦無不妥。

然而進入十九世紀後，移民的浪潮逐漸退去，與此同時，漢族移民之間開始出現在臺灣的移居地建造祖祠的傾向。他們祭祀的往往不再是「唐山祖」（唐山即中國大陸），而是「開臺祖」（在臺灣建立血緣宗親集團基礎的祖先），由此逐漸形成了宗族組織。自此之後的「分類械鬥」，不再是依據大陸祖籍區分敵我，而是演變成以宗族間的對立為主。這象徵著本土化的臺灣漢族社會組織日益成熟，不再只是中國大陸社會集團的延伸。這個現象在歷史研究上被稱為漢族移民的「土著化」（陳其南《臺灣的傳統中國社會》）。

此外，族群界線也產生了變化。語言文化高度相近的泉州人與漳州人之間的界線，在清朝末期已幾乎失去意義。

福佬人與客家人

另一方面，如果觀察福佬人與客家人的族群界線，部分地區確實發生了客家人逐漸被人數較多的福佬人同化的現象。簡言之，四周被福佬人社群包圍的少數客家人集團，在文化上會逐漸趨同於福佬人。這些人後來被稱作「福佬客」。臺灣前總統李登輝

（一九二三—二〇二〇年）的家族也屬於此類。最初移民臺灣的李家先祖，原本生活在客家人所聚居的桃園龍潭地區，但到了李登輝的曾祖父李乾蔥時移居到三芝地區。三芝為福佬人的聚集地，李登輝的母系家族江家亦是福佬人。所以李登輝的母語是福佬語（一般通稱為臺語），儘管李登輝知道自己具有客家血統，卻不會說客家語。

雖然人口居多數的福佬人社會，對居少數的客家人（當然對平埔族亦是如此）具有一定程度的同化能力，但整體而言，福佬人與客家人的族群界線並未完全消失。除了母語不同及其他文化差異之外，國家的政策也是重要因素。清廷在維持臺灣治安時，經常面臨兵力不足的問題，為彌補兵力的不足，不得不利用地方村落原本用來維持治安或「械鬥」的自治性武裝力量，將之稱為「義民」（即支持政府的百姓）。由於協助官府的「義民」多為客家聚落，因此客家人與福佬人之間的負面情感更難弭平，族群界線也因而持續存在。

相對而言較晚移居臺灣的客家人多數在丘陵地或靠近丘陵的平原建立村落，從官府的角度來看，這樣的位置在發生「民變」時，容易與官軍相互呼應。因為這樣的時代背景，留下了「治時閩欺粵，亂時粵侮閩（太平時代福佬人欺壓客家人，紛亂時代客家人侮辱福佬人）」（戴國煇〈中國人的中原意識與邊疆觀〉）這樣的說法。當時在清朝統治之下，臺灣各地之間交通運輸尚未發達，整體經濟亦尚未整合，福佬人與客家人難以在彼此保持差異且互相意識到族群界線的前提下，萌生能夠跨越族群界線的認同基礎。

在這樣的社會氛圍之下，臺灣被捲入了十九世紀後期的動盪時局之中。

第二章

再度回到「海洋亞洲」

——清末開港與日本的殖民統治

臺灣史的第二個轉捩點

從臺灣歷史的角度來看，十七世紀是臺灣正式進入世界史的決定性轉捩點。

在西方的荷蘭東印度公司與中國的鄭氏勢力相繼占據臺灣期間，隨著清朝的崛起及統一中國大陸，「海洋亞洲」與「陸地亞洲」之間的「低壓槽」不斷東移，距離臺灣本島愈來愈遠，臺灣遂完全進入清帝國在東亞所建立的秩序之中。長達一個多世紀的歲月裡，臺灣持續湧入來自中國大陸的移民，形成了內含平原地區原住民的一個錯綜複雜但基礎穩固的漢族移民社會。

接下來的重大轉捩點，發生在十九世紀後期。這個時期臺灣所面臨的轉機，包含了兩個面向，而且這兩個面向都延續至二十世紀的今日。一是臺灣經濟再度進入了世界經濟體系，恢復如同荷蘭、鄭氏統治時代以出口導向為主的發展軌跡；二是中國大陸與臺灣陷入了實質上的政治分裂局面。

「海洋亞洲」與「陸地亞洲」之間的「低壓槽」再度越過臺灣本島，向西側移動。造成這種現象的主因，是清帝國的衰弱、西方列強對東亞的帝國主義式侵略，以及新興帝國主義國家日本的崛起。清朝經過康熙、乾隆時期的鼎盛，進入十九世紀後逐漸呈現衰敗跡象，自一八四〇年代起，更面臨鴉片戰爭等外患，以及太平天國之亂等內憂，從此之後，「低壓槽」長期停留在臺灣海峽上。

臺灣既然屬於清帝國的領土，當此內憂外患之際，自然也無法置身其外。在鴉片戰爭時，英國軍艦曾為了開闢第二戰線而進犯雞籠；一八七四年，新興帝國日本以臺灣原住民殺害漂流至臺灣的琉球人為藉口，出兵臺灣南部（即牡丹社事件）；一八八四—一八八五年的中法戰爭，法國軍隊攻擊雞籠、淡水，並一度占領澎湖群島。面對逐步升高的外患壓力，清朝不得不捨棄原本的消極政策，轉而採取積極手段掌控臺灣，如鋪設臺灣與大陸之間的電線、強化海防、增加平原地區的行政密度（先設置臺北府，接著設置臺灣省）、擴大對山區的實際統治（開山撫番政策），並著手於經濟現代化（鋪築鐵路、整理土地所有權等）。而推動這些政策的主要人物，正是受命為首任臺灣巡撫的劉銘傳（在任期間一八八五—一八九一年）。

然而這樣的速度並不足以遏止新興帝國日本的野心。清朝在一八九五年甲午戰爭中敗北，結果臺灣本島被割讓給日本。事實上日本自鴉片戰爭約二十年後，經歷明治維新，已成為參與東亞列強間權力競逐的一員。到了一九四五年，日本在太平洋戰爭中戰敗，臺灣由中華民國接收。但四年後，統治中華民國的中國國民黨在與中國共產黨的內戰中挫敗，流亡到臺灣。一九五〇年韓戰爆發後，東西冷戰的影響擴及臺灣海峽，臺灣的國民黨政府在美國庇護下，長期與共產黨所建立的中華人民共和國持續對峙至今。中華人民共和國始終主張「中國只有一個，臺灣是中國的一部分」。雖然中華人民共和國長年以兩岸統一為目標，但此目標直至今日並未實現。

從十九世紀末算起，除了一九四五年至一九四九年的四年期間之外，由於日本對臺灣的殖民統治以及國共對立，臺灣與中國大陸之間的政治分裂已持續超過一百年。

清末開港與出口導向的進展

「海洋亞洲」與「陸地亞洲」間的「低壓槽」的移動，具體反映出了東亞秩序的劇烈變動，而臺灣首當其衝，其影響在經濟方面尤其顯著，成為臺灣經濟迅速發展的契機。

鴉片戰爭結束後，清朝依循《南京條約》開放了廣東、上海、廈門等五個港口。後來與英、法的第二次鴉片戰爭（亞羅號戰爭），清朝於一八六〇年再度簽訂《北京條約》，被迫開放更多港口，其中便包含了臺灣的臺南與淡水。不久之後，打狗（後來的高雄）與雞籠也以「附屬港口」為理由相繼開港。

開港雖然在一定程度上加速了鴉片輸入等負面影響（在此之前臺灣人已有鴉片吸食的習慣），但整體而言，開港讓臺灣經濟與新興市場緊密連結，使臺灣經濟的潛力得以發揮。過去主要出口至中國大陸的稻米，因西歐商人引進泰國米而產生競爭；但對日本的蔗糖出口則大幅增加，而新引進臺灣栽種的茶葉，以及此時期作為賽璐珞及防蟲劑原料而迅速成為全世界熱門商品的樟腦，其出口更是快速成長。自開始進行海關統計的一八六五年，直到一八九五年間，臺灣出口總額成長了六倍之多。自一八七〇年代起，臺灣一直保持貿易順差，遠遠抵銷了鴉片進口激增所帶來的負擔。清末的臺灣迅速躋身清朝國內最富庶地區之一。

這樣的經濟發展，對今日的臺灣社會仍留下深遠影響。茶葉必須栽種在丘陵地，而作為樟腦原料的樟樹，在此時期的平原地帶已難覓得，只能進入山區伐取。隨著茶葉與樟腦的生產活動快速興盛，過去除了小規模交易之外鮮少與漢族接觸的山地原住民，其生存空間全面受到平地勢力與文明的入侵。過去西部平原的「平埔番」受到漢族移民勢力壓迫的情況，如今也發生在「生番」，亦即山地原住民身上。這種趨勢在一八七〇年代，日本出兵臺灣等外來威脅升高之際，因清朝積極推行的「開山撫番」政策，以及後來日本臺灣總督府的「理蕃事業」而持續惡化，二戰後更因快速的經濟發展而愈演愈烈。④

此外，此時期的經濟發展，使臺灣社會的經濟重心從最初開拓的南部逐漸移往北部。北部有許多適合栽種茶葉的丘陵地，而適合伐取樟腦原料的森林亦大量分布於北部到中部之間，因此北部逐漸發展出數個作為茶葉及樟腦集散地的小城鎮。而這些產品的出口貿易，又促成了臺北盆地內淡水河沿岸艋舺（後來的萬華）與大稻埕的商業區的繁榮。即使在日本統治時期及戰後國民黨政權時期，萬華與大稻埕仍是臺灣色彩濃厚的地區，持續在外來統治者的首都內散發著本土氣息。

如前所述，一八七五年日本出兵臺灣後，清朝在臺灣新設立了臺北府；隨後因中法戰爭的關係，又將臺灣改編為臺灣省。省會未設在原先規劃的臺中而選擇了臺北，這不僅反

④ 編註：清朝時期指稱臺灣原住民族時使用「番」字，日本統治時期則使用「蕃」字。

映出外部危機加劇，同時也是臺灣經濟重心北移後所產生的政治結果。臺北的這一地位，不僅為日本，也為後來的國民黨政權所繼承，直至今日。這除了代表臺北對於臺灣社會的重要性隨時代不斷加強，也象徵了臺灣社會逐漸朝著臺灣整體規模的整合發展，也就是進一步實現了所謂的「臺灣大」⑤的社會統合結構。

日本的殖民統治

為清末臺灣帶來第二個轉機的歷史事件，正是甲午戰爭之後臺灣被割讓給了日本。儘管在日本出兵臺灣後，清朝已積極加強臺灣的防務與整合，但面對虎視眈眈的列強，清朝最終仍無法保住臺灣。而奪取臺灣的，正是新興的帝國主義國家日本。

日本的統治，始於一八九五年因甲午戰爭而簽訂的《馬關條約》，該條約將臺灣割讓給了日本。在確定割讓後，日本旋即任命臺灣總督，派遣軍隊占領臺灣，並在臺北設立臺灣總督府。臺灣總督不僅擁有臺灣的行政權，還擁有立法權，甚至連司法也在其掌控之中，可說是大權在握。在統治前期，臺灣總督均由握有駐軍指揮權的陸軍中將或大將擔任，直到一九一九年，總督才與駐軍指揮權分離，文官也開始可以擔任總督。

日軍最初進入臺灣時，遭遇了強烈的抵抗。光是在平地的漢族居住地區，為了鎮壓地方勢力的游擊式反抗，就花了數年時間，直到一九〇二年才算成功（根據日方統計，這段期間臺灣方面的戰死者多達三萬二千人）。至於山地原住民地區（當時稱為「蕃地」），則從一九一〇年開始實施所謂的「五年理蕃計畫」（死傷者約二千二百人，從原住民手中收繳約一萬八千支槍械），到一九一〇年代中期，才終於幾乎完全掌控整個臺灣。隨著統治權的鞏固，日本的官吏制度自上而下，從臺灣總督直到警察派出所的巡查，才得以滲透到每個村落的層級，形成完整的治安與行政網絡。

在殖民統治中，警察扮演著極為重要的角色。臺灣總督府重新實施過去在臺灣存在過的「保甲」制度，並將其納入警察派出所的監督之下。保甲制度是一種村落層級的治安維持制度，以十戶為一保，十保為一甲，各設保長及甲正，目的在於有效掌控居民動態。透

⑤ 譯註：「臺灣大」一詞是作者在書中反覆提出的概念，意思是「將臺灣視為一個整體」。在本書內文中，作者透過「臺灣大」來指稱臺灣整體社會與政治，或者是指稱居住在臺灣島內的所有民眾。

過這個保甲制度，警察更廣泛地肩負起村落道路修整、農業技術推廣、傳染病防治措施，以及協助糖廠收購土地等多樣化的角色。因此才有了「臺灣統治即警察政治」這樣的說法（矢內原忠雄《帝國主義下的台灣》）。

臺灣總督府在維持治安與建立行政體制的同時，也積極推動經濟基礎建設的現代化。至一九〇〇年，臺灣南北縱貫的幹線道路總長度已達約七千公里。一九〇八年，連接北部基隆港與南部高雄港的西部平原縱貫鐵路通車。一九一九年，原本開發較緩慢的東部（太平洋側）也完成電信纜線的架設，全島通信網絡自此全部完成。在臺灣內部因現代交通運輸與通信系統而緊密連結的同時，臺灣總督府也透過基隆、高雄港口的現代化建設，以及鋪設海底電纜、建立無線電通信設施等等，致力於將臺灣與日本本土緊密結合在一起。

此外總督府亦推動土地調查與稅制改革，大幅簡化了原本極其複雜的土地權利關係。由於土地制度的改革，總督府得以增加地租。再加上鴉片、鹽等專賣事業的推行，總督府獲得了穩固的財政基礎。其他施政還有統一度量衡（將各地不同的計量標準與器械統一為日本規格）、統一貨幣（最終與日本國內完全一致）、建立金融制度（成立臺灣銀行作為貨幣發行銀行）等。

這些經濟基礎建設中，有些如土地調查與土地稅制改革等等，早在清朝末年的改革時期就已推行過，只是未竟全功。進入日本統治時期之後，才透過外來殖民權力高效而強勢的行動，得以完全落實。戰前臺灣研究的經典著作《帝國主義下的台灣》作者矢內原忠雄（一八九三—一九六一年），在該書中將這些政策稱為「資本主義化的基礎工程」。

在這些「基礎工程」之上，總督府亦推動由日本政府主導的經濟開發。臺灣被定位為輔助日本本土工業化發展的糧食供應地。首先是自清朝時期即已具備基礎的製糖業，在日俄戰爭之後受到政府完善的政策保護，國內資本紛紛投入，迅速建立起了現代化的製糖產業。此外，還成功研發出了符合日本人口味且適合臺灣氣候的蓬萊米（粳稻）。隨著日本本土的都市化及工業化的推進，日本自大正年間米穀供應逐漸不穩定，一九一八年甚至爆發「米騷動」。此後臺灣迅速擴大蓬萊米的種植面積，並大量輸出到日本本土。在工業方面，除了包含製糖業在內的食品加工業外，日本並未致力於將其他產業移入臺灣，只把臺灣當作日本的消費品產業的市場之一。然而進入一九三〇年代之後，隨著戰爭期間自給自足體制的推行，少部分重化學工業才逐漸從日本被移往臺灣。為了讓日本軍隊在入侵東南亞地區時，臺灣能成為軍需物資的供應據點，日本開始推動臺灣的「南進基地化」。

捲動「臺灣大」的社會統合與民族運動

值得一提的是，清朝屬於前近代型的帝國，並不具備現代化國家在領土全境實施一體化及均質化統治的意志與能力。正如前述，清朝開始將統治的觸手伸入山地原住民的居住區域，並且積極將臺灣全面整合進領土版圖，單純是因為得知日本出兵臺灣，認為其對臺灣的統治權受到威脅的緣故。

相較之下，經歷明治維新而成功轉型為現代化國家的日本，自取得臺灣統治權的最初階段，即展現了進行一體化及均質化統治的意志，且實際上也擁有明治維新以來的治理經驗。

因此如同前文的描述，國家的統治體制以前所未有的深度與密度滲透到了臺灣的社會之中，再加上以稻米、製糖產業為主軸的經濟發展，我們可以說臺灣雖然付出了在政治、經濟、文化上臣屬於日本的代價，卻實現了「殖民主義的現代化」。不僅如此，而且伴隨著現代化的過程，過去因為受到自中央山脈流出的諸多湍急溪流阻隔，只能各自與中國大陸港口城市往來聯繫的臺灣南、中、北部地區，彼此之間的關係變得更加緊密，使得臺灣社會首次成功將「臺灣大」融合為一，而這樣的整合終於讓臺灣出現一個整體社會的雛形。當然日本在臺灣建設遍及全島的交通網、通信網、行政體系與學校制度，建立起全島規模的市場，其目的只是為了提升統治臺灣的效率，並將之與日本本土緊密連結。然而這種追求日本本土利益並且控制「臺灣大」的殖民統治體制，在無形之間也為臺灣社會自身帶來了社會統合（但此時期這種統合尚未真正深入山地原住民地區）。

這種臺灣社會統合的實現，也催生出了一群反映其社會特質的人，那就是接受了宗主國日本所引進的現代教育制度的一群臺灣人。同樣的現象，也發生在西方列強所統治的殖民地。日本自統治臺灣初期，便以初等教育為中心，引進現代化學校教育制度。最終與日本本土的學校體系接軌，同時也在臺灣島內建立起了一套以臺北帝國大學為頂點的學校教育系統。在殖民統治末期的一九四四年，學齡兒童的就學率已超過七〇%。但早在一九一〇年代，臺灣的上流階級就已經不滿足於總督府所推行的學校普及政策，紛紛將其子弟送往日本本土留學，而且人數年年增加。因為在臺灣的學校制度中，存在著對居住在臺灣的日本人有利，對臺灣人不利的殖民主義差別待遇。

日本的殖民地教育政策有個經常被學者指出的特色，就是自初等教育階段起，即以

「國語」（日語）作為教學語言，並將學習「國語」視為將臺灣人「同化」為日本人的重要手段。但這種「同化」政策，一方面向臺灣人強推日本文化，另一方面在公民權利與義務上卻持續存在歧視，形成了一種所謂「模糊的國民化」狀態。

在教育普及的背景下，出現了一個輪廓分明的新興中產階級。這個階級是以教師、技師、醫生、律師以及其他自由業人士為主體。在當時以農業為主的社會上，這個階級有一定的規模，其存在感絕不薄弱。

自從日本的統治力量深入臺灣基層之後，各地爭相出版各類型的地方名士錄，在這些名士錄之中，除了立於統治民族優越地位的日本官員和企業家之外，也出現不少這類躋身新興中產階級的臺灣人。

進入一九二〇年代以後，這些中產階級逐漸成為社會上的領袖，展開各種政治、文化與社會運動。他們要求仿效日本本土的國會（帝國議會），立法設置「臺灣議會」（負責審議臺灣相關預算及法令的專屬議會），實質上就類似一種殖民地自治運動。此外也設立了由臺灣知識分子組成的臺灣文化協會，標榜著文化啟蒙，積極在臺灣各地進行巡迴演講活動。第一次臺灣議會設置請願運動的首席請願人，是臺灣中部霧峰地區的大地主林獻堂

（一八八一—一九五六年）。他同時也是文化協會草創期的總理，提供大量資金支持這些運動。一部分的漢族本土地主資產階級，與接受過現代教育的新興知識分子攜手合作，共同推動了殖民地臺灣的近代民族運動。

此外，他們為了對抗日語的「同化」攻勢，創立了使用中國「白話文」（口語文）的言論機關《臺灣民報》，並參考同時代中國的「文學革命」，提倡「臺灣新文學」。這場文學運動隨後發展成更加重視臺灣本土要素的「臺灣話文」與「鄉土文學」運動。此外，臺灣基督長老教會為了傳教所使用的福佬語羅馬拼音書寫表記法，也被臺灣文化協會的領導人物之一蔡培火（一八八九—一九八三年）推廣為民眾啟蒙運動的一環。

另一方面，自一九二〇年代中期起，因糖廠與甘蔗農民之間的糾紛，催生出了農民運動。經由日本或中國進入臺灣的社會主義逐漸增強其影響力，一九二八年甚至出現了名為「臺灣共產黨」的地下組織。這些社會運動的領袖，大多也同樣來自前述的新興中產階級。

我們可以說正是這些中產階級的行動，積極表現出了「臺灣大」的社會統合。這些中產階級也是隨著日本殖民統治進入臺灣的「現代化」的最深刻接觸者，他們深入理解近代學術、技術、制度與經濟運作的優點，並擔任起了將其與臺灣社會接軌的角色。當然對於臺灣人而言，日本所帶來的「現代化」畢竟只是一種「殖民主義的現代化」。在日本統治下吸收「現代化」，需要付出巨大的代價，那就是必須對抗其背後的殖民地性質。

殖民統治下的原住民

前文曾提到，臺灣社會在日本統治下經歷了一種「殖民主義的現代化」。這種現代化除了初步建立起現代經濟制度與基礎建設之外，對臺灣居民本身來說究竟意味著什麼呢？讓我們延續上一章探討「四大族群」的歷史觀點，進一步深入了解。

首先談到原住民。在十九世紀後半，面對高雄與基隆的開港所帶來的社會經濟影響，以及新興帝國日本對臺灣展露的野心，清朝再也無法維持對臺灣「消極介入的態度」。清廷不但正式解除大陸百姓前往臺灣的禁令，也因樟腦出口的蓬勃發展，而決定將統治的觸手進一步伸入山地，這便是前文提到的「開山撫番」政策。然而清朝取得的成果，僅限於成功招降了一些「番社」。整個臺灣山地完全納入平地行政權力的統治範圍內，必須等到前述的日本統治時期。

日本統治時期，臺灣總督府根據人類學研究成果，確認「熟蕃」（即平埔蕃）可區分為噶瑪蘭族、凱達格蘭族等超過十個以上的族群（其後學術上如同前述統稱為「平埔族」）。總督府在人口統計上持續保留此一分類，但因為「熟蕃」的居住地區在漢族地區之內，所以在行政管理上並不與漢族有所區別。這樣的做法，進一步削弱了「平埔族」與漢族之間族群界線的政治及社會意義。根據總督府於一九四三年的統計，該年臺灣總人口六百五十八萬六千人中，福佬人四百九十九萬七千人，占七五．九％（若扣除日本人則占臺灣本土人口總數的八一．五％）；客家人九十一萬三千人，占一三．九％（同前，占一四．九％）；高砂族十六萬二千人，占二．五％（同前，占二．六％）；平埔族六萬二千人，占〇．九％（同前，占一．〇％）；日本人則有三十九萬七千人，占六．〇％（臺灣省行政長官公署統計室編《臺灣省五十一年來統計提要》）。

戰後「平埔族」的分類自人口統計中遭到刪除，此後一直到民主化時期，漢族和平埔族之間的族群界線皆未被特別意識，「平埔族」成為了一個「歷史上的族群」。

相較之下，臺灣總督府對待「生蕃」的處理方式，則將其居住區域另劃為「蕃地」，並於討伐招降成功的「蕃社」內設置警察派出所，由警察官員進行行政管理。這種特殊的行政模式在當時稱作「理蕃行政」。在日本國家公權力的介入下，漢族與原住民間直接的社會互動關係大幅減弱。但這樣的統治體制，卻形成了根據所謂「文明化」程度所排列的「內地人（日本人）—本島人（漢族）—蕃人」的族群階級。在這樣的階級秩序中，顯然漢族與原住民之間的族群界線依然存在。

這種族群階級秩序的形成過程中，阿里山鄒族通事（翻譯員）漢人吳鳳的傳說故事發揮了一定的影響力。據傳往昔「阿里山蕃」有獵取人頭作為祭典供品的風俗。吳鳳為了終止這種習俗，便先將之前取得的四十多個人頭每年提供一個給他們使用，用完後讓他們忍耐了四年，最後告訴他們：「明天會有一個頭戴紅帽、身穿紅衣的人出現，你們就取他的頭吧。」當「阿里山蕃」割下那人的頭顱之後，才發現是吳鳳本人，從此他們便發誓不再獵取人頭。

事實上這個故事有許多不同的版本，總督府將其彙整成吳鳳犧牲自己來終止「蕃人」獵頭習俗的「吳鳳神話」。總督府將這個故事編入教科書中，期望藉此教化「蕃人」（駒込武《殖民地帝國日本的文化統合》）。二戰結束後，統治臺灣的國民黨同樣在教科書中採用此「吳鳳神話」，直到民主化時期，原住民爭取自身認同的運動興起後才被廢除。

此外，根據日本統治時期的人類學調查研究成果，「生蕃」可依照語言及社會結構的差異，區分為九個部族（依人口數多寡排序為：阿美族、泰雅族、排灣族、魯凱族、布農族、卑南族、賽夏族、鄒族及雅美族）。此一分類一直沿用到戰後，但進入民主化時期之後，原住民對此分類提出質疑。「臺灣原住民權利促進會」主張在九族之外，應加入太魯閣族，總共十族。另有一種看法，是從鄒族中區分出居住在日月潭地區的邵族。此外也有人提出雅美族應以自稱的「達悟族」作為正式族名。「雅美」在他們自己的語言中，意指「我們」。⑥

在日本殖民統治時期，總督府在蕃地推動以警察為施政核心的「理蕃」政策，獎勵水田耕作與畜牧（當時稱作「授產」），並設立「蕃童教育所」與「蕃人公學校」，對原住

⑥ 本文提及的雅美族改稱達悟族的要求，如今已獲承認。太魯閣族、邵族也從原本的九族中獨立出來。此外還增加了賽德克族、噶瑪蘭族、撒奇萊雅族、拉阿魯哇族及卡那卡那富族，使得臺灣原住民族群總數達十六族。此外還有臺南地區的西拉雅族（平埔族）等族群正在等待政府承認。

民兒童實施日語教育。但這些政策皆過於急躁，忽略了原住民固有的文化與生活方式。歷史上著名的一九三〇年霧社事件，即清楚表現出原住民對這些施政方針的反抗。一九三〇年十月二十七日，當時臺中州能高郡霧社地區的泰雅族六個部落共三百多名原住民襲擊了正在舉行運動會的霧社公學校，殺死日本人一百三十餘名。總督府出動警察及陸軍部隊前來鎮壓，原住民們占據山區，持續抵抗長達一個多月。

然而從族群認同的觀點來看，語言及習俗各不相同的原住民各族受到一視同仁的強硬統治，確實在原住民們的心中建立起了橫跨諸族的泛原住民認同基礎。最好的證明，就是當時原住民各族的年輕人是以「國語」（日語）作為共通語言。二戰後中國國民黨所推行的「國語」（中國標準語）教育也發揮了相同的效果。稍後將提及的一九八〇年代民主化運動與「臺灣原住民運動」，正是在此歷史背景下逐漸醞釀而成。

臺灣人認同意識的登場

日本的統治對臺灣社會的族群關係造成了前所未有的衝擊。這是一種現代化的國家統治，日本帶有明確的意圖，而且實際執行了在其統治疆域內的均質化統治政策。其結果是臺灣歷史上首次出現了「臺灣大」社會統合的現象。然而日本的統治畢竟屬於殖民地統治，不論臺灣人民的族群屬性如何，他們被賦予的地位依然是「大日本帝國」的「二等臣民」。日本統治者稱臺灣的漢族居民為「本島人」，這個稱呼本身即象徵著其地位。簡言之，臺灣的漢族居民透過「國語」（日語）教育等施政，被迫接受一種附屬性、歧視性的日本國民「同化」（模糊的國民化）政策。與此同時，他們也被置於藉由「吳鳳神話」所形塑的「內地人—本島人—蕃人」的階級秩序意識之中。

然而臺灣居民並非只是被動地接受這種附屬式的國民化政策。如前所述，經由抵抗運動及文化運動，臺灣人將帶有負面意味的「本島人」認同意識，轉化為積極正面的「臺灣人」認同意識（即「臺灣意識」）。在一九二〇年代，如前所述，以臺灣議會設置請願運動為首的自治運動蓬勃發展。其中一位領導人物，就是在文化協會分裂後成立臺灣民眾黨的蔣渭水（一八九一—一九三一年）。他曾說過「臺灣議會請願的出現，即代表臺灣人的人格誕生了」（臺灣總督府警務局《臺灣社會運動史》），這句話鮮明地闡述了臺灣人認同意識的誕生。

然而「臺灣人」認同意識的出現，並不意味著前述清朝時期形成的族群關係中，福佬人與客家人的族群認同已經紛紛消失。在日本殖民統治下接受過中等教育的戴國煇（一九三一—二〇〇一年）便指出，福佬人常罵客家人為「客人猴」，客家人常罵福佬人為「福佬屎」（戴國煇〈中國人的中原意識與邊疆觀〉）。從這個證詞可以看出，即使在日本統治時期，福佬與客家之間的族群界線仍持續存在。

因此新的「臺灣人」認同意識，並非建立在福佬人與客家人認同意識已然消失的前提之上。而是在「臺灣大」社會統合的基礎上，藉由知識分子的言論及運動，反抗日本及「內地人」所強加在臺灣人身上的「二等臣民」、「本島人」認同與地位，因而在清朝時期已定型的福佬人與客家人認同意識之上，被「想像」與「創造」了出來。用攝影術語來比喻，這種認同意識可以說是被牢牢地「定影」在臺灣人心中，成為一種共同意識。此時期的「臺灣人」認同意識（「臺灣意識」）是為了與「日本/日本人」對抗而形成，至於以「中國/中國人」作為正面對抗假想敵的「臺灣人」認同意識，則要等到戰後才會形成。此階段將「臺灣人」認同意識視為建立獨立國家的言論（即主張「臺灣人」應建立屬於「臺灣大」的國家），在「臺灣人」之間也不是主流觀點。

另一方面，由於清朝時期的臺灣曾實施過選拔中華王朝文官的考試（科舉），因此有一定程度的傳統仕紳階層。當然與中國大陸相比，其影響力相當有限，但臺灣知識階層仍有可能基於傳統文化意識，明確認定自己在文化上屬於「漢民族」，與「日本／日本人」有所區別。與此同時，也有一部分臺灣人因留學中國大陸或直接投入革命運動，而對同時期中國逐漸形成的國家意識產生共鳴。例如前述的蔣渭水，雖然未曾渡海前往中國大陸，卻非常崇拜後來被尊為中華民國「國父」的孫文，並且認同當時中國大陸正在發生的「國民革命」。這種來自中國的影響，對臺灣後續的歷史亦具有不可忽視的意義。

「皇民化」與戰爭動員

進入一九三〇年代後，由於臺灣總督府的警察系統對民族運動持續進行有效的監控與壓制，民族運動開始式微。到了一九三〇年代中期，從一九二〇年代以來持續不斷的民族運動可說是徹底瓦解，就連較為溫和穩健的自治運動也不例外。然而這只意味著有組織的抵抗運動受到鎮壓，臺灣知識分子透過文學創作與前述的「臺灣話文」運動，追求自身認同意識的努力卻並未停止，這一點必須牢記於心。

後來日本國內政治日益走向法西斯化，其風潮也影響了殖民地。從一九三六年九月任命的第十七任總督小林躋造（預備役海軍大將）開始，總督一職再度由軍人擔任。中日戰爭爆發後，臺灣總督府開始強推「皇民化」運動。「皇民化」不同於以往主要透過學校教育推行的「同化」政策，由於中日戰爭是以臺灣漢族居民之同民族國家中國作為敵國，因此總督府獎勵臺灣人改用日本式姓名，家庭內改說「國語」（日語），強制學生參拜神社，強制住家內必須設置神壇等，直接將日本的「文化」強加於臺灣居民身上。

推行了「皇民化」運動之後，接踵而來的便是對臺灣青年男女（包含原住民）的戰爭動員。剛開始還只是派遣軍夫（軍中的工人），不久之後變成了招募「志願兵」，最後更正式實施長期以來讓日本猶豫不決的徵兵制。此外，一部分女性亦以所謂「慰安婦」的身分，被動員前往戰場（駒込武〈台灣殖民地統治與台灣人「慰安婦」〉）。

第三章

「中華民國」來了

——二二八事件與中國內戰

戰後東亞國際秩序的重整

一九四五年八月十五日，太平洋戰爭結束。昭和天皇接受了盟軍在《波茨坦宣言》中的無條件投降要求，以親自錄製的聲音向國民宣告投降。「忍所不能忍，容所不能容」……這段所謂的「玉音放送」，在臺灣也聽得見。

接受《波茨坦宣言》，意味著日本的主權被縮限在本州等主要島嶼，日本的殖民帝國只維持了半個世紀便宣告瓦解。同宣言第八條指出：「《開羅宣言》之諸條必須履行，而日本之主權必須限於本州、北海道、九州、四國及吾人所決定之其他小島之內。」一九四三年十一月，由美國羅斯福總統、英國邱吉爾首相及中華民國蔣介石委員長共同簽署的開羅宣言則載明，同盟國的戰爭目標之一為「將滿洲、臺灣及澎湖等日本自清朝奪取之土地歸還中華民國」。

隨著十九世紀後期的迅速崛起與擴張，帝國主義下的日本對東亞國際秩序造成了巨大衝擊。但日本的戰敗，讓二十世紀中葉的東亞秩序再度進入重整階段。直到一九五二年為止，日本皆受盟軍（實際上為美軍）占領，盟軍下令解散舊軍部與財閥，並制定新憲法以實施民主政治。但隨著美蘇冷戰的發展，日本被納入美國的亞洲戰略之中（一九五一年簽署《美日安保條約》），美國開始推動日本的經濟復甦。

從日本統治下解放的朝鮮半島，以北緯三十八度線為界，由蘇聯軍隊占領北部，美國軍隊則進駐南部。隨著美蘇對立的加深，半島南北形成了社會經濟制度及意識形態完全不同的兩個國家（大韓民國、朝鮮民主主義人民共和國）。一九五〇年北韓軍隊南下，韓戰就此爆發。另一方面，在臺灣受日本統治期間，中國大陸發生了辛亥革命，清朝遭到推翻，中華民國成立。但中日戰爭勝利後，已在農村地區建立根據地的中國共產黨，與掌握中央政府的中國國民黨矛盾加劇，一九四六年夏天，雙方爆發大規模內戰。

戰後東亞的激烈動盪，自然也深刻影響了臺灣的命運。一九四五年至一九四九年的短短四年間，是臺灣與中國大陸處於同一政治領域內的唯一時期。在這期間，中華民國兩次「來到」臺灣。第一次來的，是僅將臺灣納為一省的中華民國；第二次來的，則是事實上僅能統治臺灣的「中華民國」。

中華民國第一次到來時，臺灣成為中華民國的臺灣省，大多數臺灣居民視此為「回歸祖國」並予以熱烈歡迎。但第二次到來時，情況卻截然不同。在所謂「回歸祖國」不久後的一九四七年，便爆發了二二八事件。打從二戰之前，臺灣居民與中國國族主義之間，就存在著一股複雜而痛苦的不協調氛圍，而二二八事件正如同其歷史的根源。前述的國共內戰，無疑是雪上加霜。共產黨與國民黨之間的內戰，結果是共產黨在一九四九年獲勝，在中國大陸建立了中華人民共和國。而中華民國政府（以下有時簡稱國府）與國民黨則流亡至臺灣，這便是第二次來到臺灣的「中華民國」。一九五〇年韓戰爆發，美國除了派遣大量軍隊前往朝鮮半島外，同時亦派遣第七艦隊於臺灣海峽進行常態性巡邏，並恢復了對國府的支援。自此，中華人民共和國與「中華民國」隔著臺灣海峽，形成了持續對峙的僵局。在美國庇護下，國民黨政權一邊維持著與共產黨進行內戰的狀態，一邊重整國家，建立起臺灣統治體制。中國內戰與東西冷戰這兩件事，在臺灣海峽合而為一。

從「本島人」到「本省人」

日本的無條件投降，使臺灣成為同盟國成員中華民國的一省，即臺灣省。此一背景源自前述一九四三年十一月的《開羅宣言》，該宣言聲明戰爭勝利後，臺灣及澎湖應歸還中華民國。當時的中國共產黨，原本對戰後臺灣歸屬問題並沒有表現出明確的態度，但隨著英、美等國針對戰後臺灣的歸屬表明了立場，共產黨的立場也開始變得堅定。中國的主要政治勢力，在「臺灣為中國的一部分」這項認知上達成共識，臺灣就此成為應被「光復」之地。

當日本接受《波茨坦宣言》（要求履行《開羅宣言》）後，盟軍最高統帥道格拉斯·麥克阿瑟於《一般命令第一號》中，指示中國大陸及臺灣的日本軍隊向中國戰區最高統帥蔣介石投降。當時由國民黨掌控的國府以重慶為戰時首都，蔣介石任命陳儀（一八八三—一九五〇年）為臺灣省行政長官兼警備總司令，負責接受臺灣地區日本軍的投降。在此之前，開羅宣言甫公布，蔣介石就已在政府內成立臺灣調查委員會，以準備戰後接收臺灣，陳儀正是該委員會的主任。

陳儀於重慶任命行政長官公署人員，組成接收臺灣的核心團隊。十月十七日，國軍第七十軍與長官公署人員抵達臺灣。陳儀本人於二十四日抵臺，翌日在臺北市公會堂（今中山堂）舉行臺灣地區受降典禮。陳儀代表蔣介石，接受最後一任臺灣總督兼日本軍第十方面軍司令官安藤利吉的投降，並宣告臺灣與澎湖列島編入中華民國版圖，正式成立臺灣省行政長官公署。臺灣將這一天定為「臺灣光復節」。

一九四六年一月，國府行政院訓令公布「自一九四五年十月二十五日起，臺灣居民回復中華民國國籍」。這道訓令成了後述區分「本省人」與「外省人」的法律依據。依此訓令回復中華民國國籍者及其父系後代，即為本省人；其他擁有中華民國國籍且居住臺灣者及其父系後代即為外省人。日本統治時期的「本島人」，就此成為中華民國治下的「本省人」。從法律上來看，本省人與外省人的關係是從這一刻才誕生。此一關係因後來爆發的二二八事件，以及其後外省人大量移入臺灣，成為臺灣多重族群社會中最新且影響最深遠的族群關係。

國府發布的「臺灣省行政長官公署組織大綱」中規定，臺灣並不採行中國大陸的省政府制度，改採由中央直接任命的行政長官一人掌握行政、立法與司法等權力的「特殊制度」。此外，行政長官更掌握對臺灣省內所有中央政府機構的指揮監督權。而且陳儀身兼臺灣省警備總司令，亦擁有直屬特殊部隊、通信部隊及第七十軍等進駐臺灣的陸海空軍和憲兵隊的指揮權。陳儀所掌握的獨裁權力，幾乎可與日本統治前期的軍人總督相匹敵。因此不久之後，行政長官公署就被失望的臺灣人揶揄為「新總督府」。

「狗去豬來」

手握大權的陳儀，自翌月起便開始推動軍事、行政、司法、教育研究及新聞媒體等各方面的接收與重組工作。過程相當順利，到隔年（一九四六年）四月，除了分散各地的衛生機構以外，其他接收作業大致完成。陳儀宣布以八縣九市的新行政區制，取代日治時代的五州三廳制，隨即陸續任命各縣縣長及市長。據說日本官吏甚至將一支原子筆也登記在點交清單上，交給國府的接收人員，國府得以順利接收日本遺留在臺灣的統治機構。針對這一點，國族主義研究者班奈迪克・安德森（Benedict Richard O'Gorman Anderson）認為，陳儀（亦即蔣介石）就如同推翻舊政權的革命領袖一般，完整「繼承」了殖民地國家的所有「配線」（相關文件、公文書、財務紀錄、人口統計、地圖，有時甚至包含官員和資訊提供者）（《增補　想像的共同體》）。

除了接收統治機關之外，國府也同時開始接收公有及私有財產。一九四五年十一月，首先接收了原屬臺灣總督府的公有財產，翌月即完成點交。隔年（一九四六年）一月，國府於接收委員會下增設「日產處理委員會」，展開對日本人私有財產的接收與處分，一直到四七年上半年才陸續完成。根據四七年二月底的統計，接收財產總額約達一百一十億元。

這些財產全被當作「敵產」，暫時收歸國有，隨後國府將大部分主要企業分為國營、國省合營、省營及縣市營四種形態，加以公營化。根據劉進慶的研究，除了日治時期的專賣事業完整延續外，包括銀行、保險公司、信用合作社等金融機構，以及作為臺灣產業龍頭的製糖業，還有自一九三〇年代起基於殖民地工業化而引進臺灣的石油、電力、鋁業、肥料、氯氣、機械、造船、水泥、造紙等所有主要企業，皆悉數轉型為公營企業。不僅如此，基於陳儀的一種「社會主義」理念，就連交通運輸部門及商業貿易相關企業亦被公營化，臺灣省貿易局成為臺灣對外貿易的唯一通路。因此戰前的日本資本以國家資本的形式更加集中，此國家資本掌控了臺灣產業、金融及貿易的「管制高地」（劉進慶《戰後台灣經濟分析》）。

這些「國家資本」全由外省人負責經營管理，本省人完全沒有參與的機會。原本期望日本人撤離後能站上重建臺灣第一線的本土資本家與菁英們，期待完全落空。但這是後事，此處暫且不談。在初期的階段，臺灣民眾對「光復」仍是抱持熱烈歡迎的態度。各地民眾紛紛設置迎接「祖國」軍隊及政府官員的歡迎牌樓，街頭巷尾迅速恢復戰時受「皇民化」壓抑的漢族色彩。知識分子競相學習新「國語」（中國標準語），屏棄過去的舊「國語」（日語），對臺灣的新生充滿了希望。

但他們對「祖國」寄予的厚望，與國府在抗日戰爭後的殘破現實有著巨大落差。包含蔣介石在內的國府中央高層認為，長期受日本殖民統治的臺灣，與東北（前滿洲）等地不同，並不存在難以控制的地方軍閥勢力，應當民情溫順且易於管理。因此中央並沒有讓陳儀統轄精銳部隊，只給了他一支弱小的軍隊。此外，若比較接收臺灣與接收東北地區，會發現國府對臺灣採取了更加徹底的外省人統治政策，這應該也是基於相同的理由。而且整體而言，來臺的官吏及軍人良莠不齊，並沒有辦法勝任治理臺灣社會的重責大任，偏偏國府又不任用本省人，在此情形下，「從中國大陸各地湧入的投機分子、商人、政治流亡者，以及本地的少數投機分子、騙子也趁隙混入其中」（吳濁流《黎明前的台灣》）。政府機關與公營事業人事任用全靠裙帶關係，取代過去日本人職位的外省人領著兩倍薪水，對本省籍職員頤指氣使。其下充斥著靠關係錄取的外省籍冗員，本省人失業問題卻日益嚴重。

國府接收臺灣的時期，恰好是在大陸的政經情勢因國共對立而加速惡化的時期。因此所謂的接收，並非只是將戰敗國政府遺留下的機構與資產進行轉移與重組，更伴隨著對臺灣社會的財富掠奪。原本應該用於重建復興的工廠機器，遭拆散當作廢鐵出售；戰時臺灣總督府為管制經濟而儲備的砂糖，也被投機性地販運到上海販售一空。

加上戰後的嚴重通貨膨脹與社會秩序的混亂，皆直接衝擊了民眾生活。行政長官公署採取將臺灣元（臺灣銀行券）與中國大陸貨幣（法幣）脫鉤的措施，避免大陸經濟的混亂直接波及臺灣。這本是明智之舉，但公署本身的行政費用仍必須依靠增印臺灣銀行券，且日常用品停止從日本進口後，臺灣只能改與上海貿易，導致大陸通膨仍對臺灣造成影響。一九四六年一月，行政長官公署取消了戰爭期間的米糧配給制度，並封鎖了各地農業倉庫（戰爭期間臺灣總督府為了管控糧食配給而設置的倉庫），導致市面上流通的稻米劇減；再加上灌溉用水管理混亂影響稻米生產，過去在清代曾被譽為「一年豐收可吃三年」的臺灣，竟出現米荒與米價暴漲的現象。到了這個階段，原本的「接收」已被譏諷為「劫收」。

毫無紀律的士兵與警察，取代了嚴厲但守紀律的日本官吏與警察。再加上到處盛行的裙帶關係，以及無能官僚，皆導致社會秩序急速惡化。這段時期竟爆發了一九二〇年代以來就不曾出現過的霍亂大流行，可說是社會混亂的最直接證明。社會風氣亦日漸敗壞，原本絕跡的學生賄賂教師惡習再度蔓延。澳洲記者貝爾登（Jack Belden）曾作證指出，他在臺灣許多地方都看見描繪著「從島上逃走的一隻狗（日本人），與來到島上的一頭豬（外省人）」的海報。該海報的標題寫道：「狗雖吵鬧，卻能保護人；豬只會吃了就睡」（《中國震撼世界　下》）。

「隨時可能爆發暴動」

從這種「狗」與「豬」的對比，可以清楚看出民眾的憤怒早已不只是針對陳儀政權，而逐漸轉為針對與陳儀一起來到臺灣的外省人，形成了一種族群怨恨。對知識分子等菁英階層來說，這種趨勢更有明確的原因，那就是陳儀推動的「祖國化」（中國化）政策。陳儀接管臺灣時，目標當然是讓經歷半世紀日本殖民統治的臺灣居民成為中國國民。這一目標本身並沒有什麼問題，本省人中的菁英階層也早已視此為努力的方向。但問題在於實施政策的方式，既過於急躁，又忽視實際狀況，且做法極為草率。其中最受爭議的便是語言政策。

對臺灣居民而言，「光復」意味著必須學習新「國語」來取代日語。本省人也積極投入學習，但問題的癥結並不在學習上。首先，國府竟以國語未熟練為理由，拒絕在政府機關中聘用本省人，更以此作為推遲實施地方自治的藉口。行政長官公署的高級官員曾多次公開質疑臺灣居民的自治能力，陳儀更直接表態，在本省人國語能力尚未成熟之前，若允許本省人直接選舉縣、市長，恐將產生「臺灣人的臺灣」而非「中國的臺灣」，因此縣、市長的選舉在一九四九年之前都不會舉行。

國語普及政策的另一項急躁措施，就是禁止使用日語。雖然臺灣本省人與中國人同為漢族，但臺灣本省人與「國語」（中國標準語）之間存在著兩層距離。一者，中國標準語是以中國北方語言為基礎，而臺灣居民的母語（福佬語、客家語）則屬南方語言，兩者之間並不互通。二者，對受過教育的臺灣居民而言，日語雖然是殖民統治所強加的語言，但隨著學校教育的普及，日語早已成為他們吸收知識、表達意見的重要工具，同時也是臺灣不同族群間交流溝通的共同語言。

然而在陳儀政府眼中，日語的存在是國語普及的最大障礙，因此下令在「光復」滿一年之際，即禁止所有媒體使用日語。且在來臺的外省人官員眼裡，臺灣人使用日語只是「日本奴化教育」的證據罷了。而且在這個時期，如前文所述，接收工作早已浮現各種弊端與混亂，各報章雜誌的批評聲浪也不斷升高。語言的學習需要時間與意志的配合，在新國語尚未熟練之前便強行禁止日語，等於是剝奪了本省菁英階層的發言機會。日治時代曾與日本同學競爭學習現代知識的人生經驗，讓這些本省菁英階層擁有相當程度的自信，而陳儀政府的做法傷害了他們的自尊心。

對本省菁英階層來說，這種情形與他們對「光復」的期待完全背道而馳，是一種始料未及的政治、文化甚至經濟上的價值剝奪。面對這樣的價值剝奪，本省菁英階層就如同過去對抗日本統治一樣，展開了自治運動。國府在對日抗戰勝利後，在輿論的壓力下，依據孫文的政治發展論（軍政→訓政→憲政），開始準備進入「憲政」階段（制定憲法並設置各級議會）。

而在臺灣，陳儀政府也在推行縣市制度之後，自基層逐步實施選舉，產生縣、市，乃至省級參議會（行政諮詢機構）。這些「民意機構」的設立，可說是陳儀所有施政中唯一符合臺灣居民自身去殖民化期待的政策。然而儘管實施了選舉，但「新總督府」卻對這些純屬諮詢性質的民意機構提出的批評毫不理會，導致本省菁英階層的不滿情緒反而更加高漲。一九四七年一月，國府頒布中華民國憲法（於一九四六年十二月二十五日由國民大會制定），之後便開始出現要求盡快落實憲法中規定的省以下各級地方自治的運動，而鼓吹這些運動的民意領袖，大部分都是過去抗日運動參與者。但如前文所述，陳儀拒絕實施縣、市長的民選（何義麟《台灣人的政治社會與二二八事件》）。

此時民眾的憤怒情緒已經逼近臨界點，處於「暴動一觸即發」的危險狀態。而這場暴動最終還是爆發了，那就是「二二八事件」。

二二八事件

一九四七年二月二十七日傍晚，臺北市街頭一名靠賣私菸維生的寡婦，遭到專賣局查緝人員毆打。隨後查緝人員與圍觀民眾爆發衝突，查緝人員鳴槍示威，一名民眾遭流彈擊中身亡。翌日（二十八日），民眾前往行政長官公署抗議時，遭衛兵開槍射擊，造成多人死傷。此事演變為臺北市大規模暴動。憤怒的民眾甚至只要看見外省人即湧上施暴，這也顯示臺灣民眾的不滿早已發展為對外省人的族群仇視。

暴動群眾進一步占領了臺北市新公園（現二二八和平公園）內的臺灣廣播電臺（現二二八紀念館），透過廣播呼籲全臺民眾起義。隔日（三月一日）起，全臺各主要都市相繼出現民眾控制警察機關，並與駐軍對峙的局面。在臺北，知識分子與地方參議會成員等地方有力人士組成了「二二八事件處理委員會」負責善後，各地也紛紛仿效。臺北的處理委員會向陳儀提出了處罰貪官汙吏、廢除行政長官公署的「特殊制度」、實施省自治，以及在行政、司法、軍事各方面起用臺灣人等要求。

然而，陳儀一面以表面的讓步（如解除戒嚴令）來爭取時間，另一面卻祕密向南京的蔣介石請求派遣援軍支援鎮壓。三月八日援軍抵達後，陳儀政府便以徹底的武力鎮壓回應民眾的要求。當時在中部地區成立的武裝反抗隊伍「二七部隊」（由前臺灣共產黨員謝雪紅〔一九〇一－一九七〇年〕領導），未能進行有效抵抗，最終撤退至位於中央山脈入口處的埔里盆地後自行解散。

本省菁英原本只是希望獲得地方自治，但蔣介石派遣的軍隊卻視之為叛亂而全面鎮壓。許多曾經批評過陳儀政府的本省籍知識分子及地方有力人士，遭到無預警的逮捕和未經審判的處決，下落不明者亦不在少數。國府軍隊鎮壓所造成的死亡人數迄今仍無法確定，但一九九二年李登輝執政期間公布的調查報告推估約為一萬八千至二萬八千人（行政院研究二二八事件小組《二二八事件研究報告》）。

對政治的恐懼與「省籍矛盾」

二二八事件對往後的臺灣產生了深遠的影響。

事件後，一位造訪臺灣的中國記者曾指出：「今日的臺灣到處有著令人恐懼的沉默。」事件後的武力鎮壓，對臺灣人而言不啻是一場恐怖的政治教育。根據同時代的作家吳濁流（一九〇〇—一九七六年）觀察，事件後的臺灣知識分子和菁英，有的從此遠離政治，有的轉變態度向政府靠攏，有的選擇逃亡海外，其餘者則保持沉默。至於一般民眾，則如同日本殖民時代一般，重新回歸對政治冷感而埋首於日常生活（吳濁流《台灣連翹》）。

另外，美國社會學者高德指出，軍方的血腥鎮壓乍看之下似乎是隨機屠戮，但其實呈現明確的模式，那就是專門清除臺灣的知識分子和菁英階層（Gold, *State and Society in Taiwan Miracle*）。蔣介石派遣的軍隊，奪走了臺灣社會在日本殖民統治下抵抗同化壓力而積累出來的菁英階層中最優秀的一批人。作家葉石濤（一九二五—二〇〇八年）曾對筆者感嘆：「（經歷二二八事件與一九五〇年代的『白色恐怖』後）我們這一代活下來的都是二流以下的人才。」

對臺灣地方政治菁英變遷進行了考證研究的吳乃德、陳明通則指出，一九四五至一九四六年（日本將政權移交給中華民國）參與政治的臺灣地方菁英並未出現明顯斷層，但一九四九至一九五〇年（國家分裂前後）卻存在明確的菁英斷層（〈政權轉移和菁英流動：臺灣地方政治菁英的歷史形成〉）。

本土指導階層的弱化、對政治的恐懼，以及大眾的政治冷感，無疑為外來威權主義的統治提供了良好的土壤。蔣介石透過二二八事件，以近乎惡魔般的方式，提前創造了將來可能逃亡臺灣時所需的重要政治條件。另一方面，二二八事件也可視為本省人族群不滿情緒的一次爆發。因此在國府菁英們眼中，二二八事件的爆發本身就證明了對臺灣居民進行

「祖國化」（即中國化）政策的正確性。所以在血腥鎮壓後，國府依然持續推行激烈的中國化政策。

然而此時本省人已經喪失了抗爭的手段與意願。造成本省族群不滿的不平等狀態並未改變，甚至在一九四九年後的體制下更加結構化。在威權體制的高壓統治下，本省人族群意識在政治上的表現遭到壓抑，但在檯面下，本省人的反外省人、反國民黨情緒皆轉化為對日本的親近感，而這也導致外省人對本省人產生不信任感。這種雙方隱晦表現出的族群情緒在臺灣社會長期延續，使得「省籍」問題始終是一個敏感議題。換句話說，族群情緒雖然遭到壓抑，卻以「省籍矛盾」的型態潛藏於臺灣社會之中。

另一方面，本省人在二二八事件中的行動，被視為對國家的叛亂而遭到鎮壓與譴責，因此一些本省籍社會主義者逃往中國大陸，試圖尋找新的「祖國」。另一些則流亡日本，後又前往美國，發展出了臺灣獨立運動。在臺獨視角的詮釋下，二二八事件中本省人族群情緒的爆發，被重新定義為「臺灣人」對中國人的「民族性」反抗。這種運動和意識形態，在當時對臺灣內部政治幾乎無法發揮任何作用，卻成為一種對抗國民黨主張中國國族主義的意識形態選項，並自一九八〇年代以降逐漸影響臺灣內部政治。

「法統」的誕生與「內戰狀態」

如前文所述，中國大陸在一九四六年七月爆發全面的國共內戰。起初戰局由擁有美製新式武器且兵力占壓倒性優勢的國府軍占上風，但隔年（一九四七年）共產黨在東北展開反攻，國府軍於一九四八年經歷遼瀋、淮海、平津三大戰役後，損失超過一百萬兵力。中國國民黨在中國大陸的統治基礎，正是在軍事挫敗、國民黨自身的腐敗、派系抗爭，以及統治區內經濟遭受嚴重通貨膨脹侵蝕下逐漸崩潰。

當然國民黨在這種情勢下，亦非毫無作為。如前文所述，他們開始實施「憲政」。抗日戰爭後，共產黨在其統治區內實施土地革命，沒收地主資產並分配給農民，藉此擴展掌控區域。國民黨雖也主張土地權利再分配，提出「平均地權」的理念，並在政府內部設立相關土地行政部門（「地政」），但實際成果微乎其微。因此在內戰期間，國民黨試圖透過實施自辛亥革命以來長期延宕的「憲政」，來鞏固其統治的正當性。

蔣介石與國民黨召開了制憲國民大會，於一九四六年底制定《中華民國憲法》（一九四七年一月一日公布，同年十二月二十五日施行），採行以國家元首總統為頂點的獨特五院體制（行政院、立法院、監察院、司法院、考試院）。接著於一九四七年至一九四八年間，舉行中央民意代表（立法委員、監察委員、國民大會代表）選舉（僅監察委員由省議會議員間接選舉產生），並由新選出的國民大會選出總統、副總統（蔣介石、李宗仁當選），此外還進行了總統任命行政院長（相當於首相）並由立法院行使同意權的程序。這種制定憲法並依憲法組建政府的過程，後來被冠上「法統」之名，成為國民黨宣稱共產黨政權依法無據，堅稱自身為中國唯一合法政權的理論基礎。

然而這套「憲政」體制打從一誕生，就面臨悲慘命運。在制憲階段，國民黨內部就陷入派系抗爭，外部還遭到共產黨極力反對，就連身為國共兩黨之外第三勢力的中國民主同盟也抵制不參與。

更有甚者，國民黨自身也採取了實質上架空「憲政」的措施。一九四八年，內戰形勢轉為對國民黨不利，國民黨在國民大會通過了《動員戡亂時期臨時條款》，授予當選總統的蔣介石無須經立法院同意即可發布緊急處分的權限，大幅強化了總統權力。「戡亂」兩字所稱的「亂」當然是指「共匪」（共產黨）的叛亂，整個國家進入了為鎮壓共產黨叛亂而全面動員的「內戰狀態」。

「中華民國」來了

然而無論是實施「憲政」還是制定「臨時條款」，對內戰局勢均毫無助益。一九四九年一月，共軍占領北京後，蔣介石宣布「下野」，由副總統李宗仁代理總統職務，自己則以國民黨總裁身分繼續掌控軍政指揮權，並正式展開國民黨勢力撤退至臺灣的準備工作。

其中最重要的一步，就是讓黃埔派親信將領陳誠（一八九八—一九六五年）掌握臺灣。在下野之前的一九四八年十二月，蔣介石任命當時因病滯留臺灣療養的陳誠為臺灣省主席，次年（一九四九年）二月兼任臺灣警備總司令，三月又兼任國民黨臺灣省黨部主任委員。

四月南京淪陷，五月上海淪陷，八月臺灣對岸福建省省會福州亦落於共軍之手。十月，共產黨終於宣告成立中華人民共和國，以北京為首都。在此期間，陳誠統籌負責封鎖臺灣與中國大陸的民間往來，陸續接納敗退的國府軍隊，派人將故宮（舊清朝宮殿）寶物運往臺灣，以及安排各類政府機構的遷移工作。一九四九年五月，陳誠在臺灣宣布戒嚴。這道戒嚴令一直持續到一九八七年七月，時間之長在世界史上實屬罕見。

在這段期間裡，國府的中央政府輾轉流亡於廣州、重慶、成都之間，同年十二月下令遷往臺北。十二月八日，總統府及行政院官員抵達臺北，行政院於隔日開始辦公。十二月十日，蔣介石自成都抵達臺北，國民黨中央黨部也於次日完成遷移。隔年（一九五〇年）三月，蔣介石恢復總統職位，取代逃亡香港的李宗仁。

蔣介石召集黨政高層幹部訓話：「我們的抗爭尚未結束，我將負起一項新的神聖任務，那就是光復大陸。我不會離開此地，待完成此項任務之時，我必定能夠和諸位一同回到我們自己的土地。」藉著高喊「反攻大陸」來激勵士氣低落的部屬（衞藤瀋吉他著《圍繞中華民國的國際關係》）。

就這樣，「中華民國」再度來到臺灣。然而這個「中華民國」已經不同於數年前的中華民國。第一，它如同前述，已經成為進入「內戰狀態」的國家。即使在美國介入臺灣海峽並恢復援助後情勢趨穩，但前述「臨時條款」未曾廢止，戒嚴令也持續施行，臺灣居民的政治自由長期受到戒嚴執行機關臺灣警備總司令部（警總）的無情打壓。

國府遷移到臺灣後，「中央民意代表」的任期陸續屆滿（國民大會代表與監察委員任期六年，立法委員任期三年），但蔣介石與國民黨以國家處於「動員戡亂時期」、需待

「反攻大陸」完成為由，將改選時間無限延期。為了證明在大陸成立的中華人民共和國並不非法，國民黨政府是代表中國的唯一合法政權，蔣介石與國民黨非常執著於「法統」，而當年在中國大陸選出的「中央民意代表」是證明「法統」實際存在的活證人，無論如何必須保留下來。

在這樣的背景之下，一個在兩層意義上欠缺代表性的國會，就在一九五〇年代逐漸成型。所謂的兩層意義，指的是①這些中央民意代表絕大部分是在中國大陸選出，完全無法代表實質統治區域（即臺灣地區）的民意，而且②長期未經改選。在蔣介石的強烈意志下，臺灣一直維持著軍事動員狀態，但「反攻大陸」實際上逐漸成為不可能的夢想，因此延期改選就等於是讓中央民意代表獲得終身任期。進入民主化時代後，此國會被譏為「萬年國會」，那些從不改選的中央民意代表（幾乎都是外省人）被批評為「老賊」、「老法統」。萬年國會的形成，加上長期戒嚴下的政治自由遭到打壓，封殺了臺灣人民參與國政的管道。

第二，「中華民國」統治的領域大幅縮小，實際上僅限於臺灣本島、澎湖群島，以及金門島、馬祖島等中國大陸沿岸的少數島嶼。國府繼續掌控金門與馬祖，可以在象徵意義上主張「中華民國」並非僅限於地理意義上的臺灣地區（臺灣本島與澎湖群島），但這些島嶼的面積與人口極為有限，實際的統治領域仍以臺灣為主。基於這樣的事實，一九七一年「中華民國」退出聯合國、中華人民共和國加入聯合國以後，國際媒體普遍將統治臺灣、澎湖、金門、馬祖等地的政權稱為「臺灣」。

第三，臺灣發生了「中央化」的現象。臺北成為「中華民國」的臨時首都，中央政府設置於此。除了戰後臺灣的國家、政治體制與「內戰狀態」所形成的矛盾之外，臺灣的中央化也導致了另一種矛盾，那就是憲法所規定的「省自治」遭到扭曲。中央政府遷至臺灣後，除了行政劃分上屬於福建省的金門、馬祖等離島地區外，實際上僅管轄臺灣省一個省分，卻仍繼續維持於中央政府之下，設置「省—縣市—鄉鎮」的三級地方行政組織，未將臺灣省裁撤，也未完全實施憲法規定的「省自治」（省政府主席與省議會全面民選），僅辦理省議會選舉。

臺灣省政府與中央政府的管轄區域高度重疊，但若裁撤臺灣省政府，則與「代表全中國的正統政權」的「法統」論述相矛盾；而若全面實施省主席民選，又會造就一個權力與總統相匹敵的民選政治菁英。

再次出現的移民潮與多重族群社會的重組

再度來到臺灣的「中華民國」，出現了上述的種種巨大變化。不僅如此，而且隨著「中華民國」遷臺，約有一百萬來自中國大陸的人口移居臺灣。這些移民來自中國大陸各個角落，就算同是漢族，說的方言也是天差地遠。許多基層士兵沒受過什麼教育，甚至不會說流利的國語。況且除了漢族之外，還包含少許的蒙古族、滿洲族、回族等少數民族。但如前文所述，在戰後臺灣的歷史環境中，這一群來歷南轅北轍的人，逐漸形成一個名為外省人的族群，與本省人形成相互對峙的關係。

為什麼會發生這樣的現象？原因之一如前文所述，本省人經歷了二二八事件與戰後的社會動盪，對於那些在一九四九至一九五〇年之間從大陸移居臺灣的移民們抱持特定的反感與疏離感。在本省人眼中，外省人不管是不是漢族，不管來自何地、操著什麼樣的口音，總之都是「外省人」。

再者，本省人眼中的「中華民國」，與外省人眼中的「中華民國」，兩者存在著相對意義上的距離差異。基於當時嚴峻的國共關係，該時期渡臺的外省人中，必定包含一些潛伏於國民黨與政府內部的共產黨或左派文化人士。正因為如此，臺灣省主席陳誠自一九四九年左右，就開始進行反共大清洗（臺灣現代史稱之為「白色恐怖」），後來更由蔣介石之子蔣經國整合情報部門主導執行，外省人之中的犧牲者也不在少數。但即便如此，絕大部分外省人想繼續在臺灣生存，還是必須高度仰賴一同渡臺的「中華民國」。從國民黨與政府的角度來看，其組織機構想要補充值得信賴的人力，同樣只能從外省人之中挑選。一九五二年，國民黨員總數約二十八萬人中，外省人超過二十萬人，占七成以上。一九五五年，國民黨員的職業分布中，軍人、警察、公務員、教師的比例超過三分之二。而且政府自一九五〇年代起實施的社會保險制度，其對象及內容也對上述職業特別照顧。以上這些現象，都是最好的證明（林成蔚〈另一個「世界」？〉）。除此之外，大量的基層士官、士兵與其家屬，原本都在都市空地或軍營附近搭建簡陋的棚屋居住，政府為他們興建住宅，形成特殊的社區結構（即所謂的「眷村」，「眷」指的是「軍眷」，也就是軍人的家屬），並給予各種生活上的照顧，同時建立起不同於居民以本省人為主的農村或地方城市的另一套黨組織系統，深入社區之中以加強掌控力度（龔宜君《「外來政權」與本土社會》）。

總而言之，「外省人」作為一個族群的形成原因，包含了在人口上占多數的本省人的目光，以及國民黨對外省人社群的強力滲透。臺灣的多重族群社會，就在日本戰敗、日本人離開，以及數量遠超越日本人的外省人遷入後，進行了一次重組。

第四章

「中華民國」在臺灣落地生根

——東西冷戰下的安定與發展

「毋忘在莒」

一九五二年一月，蔣介石在對抗中國的軍事前線金門島上，寫下了「毋忘在莒」四個大字，命人刻在太武山的一塊巨石上。這四個字取自中國古代春秋戰國時期，齊國的田單敗給燕國後逃往莒地，重新整訓士兵，五年後擊敗燕國，使齊國復興的故事。不用說，蔣介石心目中的「莒」，便是金門、馬祖等受國民黨實質統治的福建省沿岸諸島，以及臺灣本島與澎湖群島。蔣介石藉著田單的故事，激勵那些在中國內戰中戰敗後跟隨自己逃至臺灣的將士及黨政幹部們。對蔣介石而言，臺灣首要意義即為「莒」，是收復大陸的復興基地。

然而蔣介石並不是田單。五年過去，十年過去，蔣介石與他的將士及黨政幹部們依然「在莒」。蔣介石的軍隊與政府，若沒有戰後世界霸主美國的支持與援助，根本無法存續。而美國在保衛臺灣、阻止共產黨「解放臺灣」的同時，也不容許蔣介石採取「反共復國」、「反攻大陸」的軍事行動。換句話說，中國的內戰是被美國強行制止了。如此一來，原本為了收復大陸而將國家體制設定在「內戰狀態」的「中華民國」，只能長期維持在實質統治地區限縮在臺灣本島、澎湖群島與金門、馬祖的狀態下。

諷刺的是，這個自稱「中華民國」的國家，正因為內戰遭到制止，成為臺灣史上第一個幾乎只以臺灣全域為領土範圍的國家，也就是一個實質意義上的臺灣國（換句話說，臺灣首次在實質上獨自成為一個國家）。但要維持這個國家，想當然耳，國民黨必須重新整頓在大陸內戰中敗退而崩潰的自身體制，並且恢復及穩定經濟。歷經了二二八事件後，臺灣社會對國民黨絕對稱不上友善，如何修復這層關係，對國民黨來說也是當務之急。

中國共產黨與臺灣

不僅如此，在臺灣海峽的另一頭，還出現了一個積極想要將臺灣納入領土疆域的國家，那就是由中國共產黨所建立的中華人民共和國。以下我們稍微回顧一下中國共產黨與臺灣之間的歷史關聯。

在《帝國主義下的台灣》第五章〈民族運動〉中，矢內原忠雄說得一針見血：「臺灣處於日本與中國這兩團烈火之間。」在矢內原為這本著作進行研究的一九二〇年代後期，東亞的國際情勢如下。首先看日本，在第一次世界大戰後帝國主義迅速擴張的背景下，日本的社會運動愈來愈激烈、維護治安的社會體制正在加大力道。最具象徵性的事件，就是日本共產黨的成立，以及《治安維持法》的誕生。而在中國，基於孫文所提出的「聯俄容共」、「國共合作」方針，打倒軍閥的「國民革命」正如火如荼地進行著。至於臺灣，可引用矢內原的一句話，那就是「日本帝國主義統治的推進，正在讓本島人的民族運動逐漸成熟，這是必然的結果」。

在東亞的革命與反革命、帝國主義與反帝國主義民族運動此消彼漲的交錯局勢下，一批激進的臺灣青年，投入了中國及日本的革命運動，其中又有一部分人回到臺灣，使臺灣文化協會出現左傾化現象。此外像是謝雪紅與林木順等人，更從上海輾轉前往莫斯科，接受了共產主義訓練，回到上海後，從日本共產黨員手中取得黨綱草案，於一九二八年四月，以「日本共產黨臺灣民族支部」的名義成立了臺灣共產黨。據說當時在上海租界召開的成立大會，有中國共產黨員列席與指導。

由此可見，在共產主義運動的形成史上，臺灣同樣處於「日本與中國這兩團烈火之間」。而中國共產黨與臺灣產生關聯，主要是透過一九二〇年代在東亞革命運動中發揮強大影響力的共產國際。換句話說，中國共產黨是以共產國際支部的立場，處理著臺灣問題。或許正因為如此，當臺灣共產黨在臺灣總督府警察的鎮壓下瓦解，其成員逃往中國大陸後，中國共產黨吸收了這些臺灣人，並以「少數民族」的身分對待他們，就好像中國人民支持日本統治下的朝鮮、法國統治下的越南一樣，支持臺灣人民對抗日本帝國主義的抗爭。

這一點可從一九三六年美國記者埃德加・斯諾（Edgar Snow）進入革命根據地時，毛澤東對他說的話獲得印證：「我們的當務之急，是要收回我們國家所有失去的領土。換句話說，我們必須收回滿洲。我們並不打算收回中國過去的殖民地朝鮮，不過當我們讓中國失陷的領土重新獨立後，如果朝鮮人民希望擺脫日本帝國主義的枷鎖，我們將會熱烈援助他們的獨立抗爭。對於臺灣也是如此。」（宇佐美誠次郎譯《中國的紅星》）

然而如同前文所述，在一九四三年同盟國發表開羅宣言，將「臺灣、澎湖返還中華民國」視為戰爭目標之一後，中國共產黨對臺灣、澎湖群島的立場發生了顛覆性的轉變。中國共產黨與參加開羅宣言的蔣介石一樣，轉向了領土收復主義（irredentist）的立場（若林正丈《增補版　台灣抗日運動史研究》）。後來的「一個中國」原則（即中國只有一個，臺灣是中國的一部分），其歷史起源對於共產黨而言，正是這個時間點的政策轉向。或者可以說，這是中國共產黨第一次把臺灣問題當成現實問題來處理（而非單純的意識形態），中國共產黨的臺灣政策是在這一刻才誕生。

之後共產黨在中國內戰中擊敗國府軍，建立中華人民共和國，而國民黨的「中華民國」則逃往臺灣，從此中共便開始大聲疾呼「解放臺灣」。

「解放臺灣」與「反攻大陸」

一九四九年，國府軍雖然接連失去中國大陸各大都市，卻仍持續透過取締商船、空襲城市等方式封鎖大陸沿岸，尤其是上海。一九五〇年一月，國府軍更使用美軍提供的B24轟炸機對上海展開大規模空襲。雖然中國共產黨高呼「解放臺灣」，但因當時中國共產黨的海空軍力量不足，無法立即瓦解這些抵抗，出兵攻打臺灣。

然而從大局來看，「解放臺灣」似乎是勢在必行。美國國務院在一九四九年夏季發表的《中美關係白皮書》中指出，國民黨政權儘管有美國的援助，仍舊會因腐敗而自滅。這段時期美國政府與軍方也普遍認為，以經濟、外交手段已無法保住臺灣。隔年（一九五〇年）一月五日，杜魯門總統發表聲明不干涉臺灣問題；十二日，艾奇遜（Dean Acheson）國務卿提出美國在西太平洋的「不後退防線」（阿留申群島、日本列島、沖繩、菲律賓，又名「艾奇遜防線」），將臺灣、韓國排除在外。雖然蔣介石復總統職，再三高呼「反攻大陸」以振奮士氣，但國民黨政府的命運已然岌岌可危。

不過另一方面，美國政府雖然在國務院主導下選擇「靜觀其變」，其內部聲音與外界輿論並沒有完全達成共識。一九四九年後期，共和黨內指責「失去中國」的聲浪日益升高，而且隨著美蘇緊張情勢加劇，軍方內部亦出現重視臺灣戰略價值的意見。例如麥克阿瑟便曾強調臺灣猶如二十艘航空母艦，而且是一艘「不沉的航空母艦」，若落入敵手將構成嚴重威脅。

東西冷戰與中國內戰的結合

就在這個時期，韓戰爆發了。一九五〇年六月二十五日，北韓軍隊突然越過三十八度線入侵南韓。二十七日，杜魯門宣布廢除不干涉臺灣問題的方針，下令美國第七艦隊進入臺灣海峽，阻止中共趁機攻臺。同時杜魯門亦要求國民黨停止任何「反攻大陸」的行動，這就是歷史上所謂的「臺灣海峽中立化宣言」。杜魯門也表示臺灣未來的地位應「等待太平洋地區恢復安全，再根據對日和約或聯合國決議做出定論」，這就是所謂的「臺灣地位未定論」的由來。由此可看出美國試圖將臺灣從中國內戰中抽離出來。

十月，韓戰出現重大變化。八日美軍越過三十八度線，二十五日共軍也跨越鴨綠江參戰。原本為「解放臺灣」準備的兵力，被投入了朝鮮半島的戰場。共軍第三野戰軍主力轉而駐紮福建省沿岸，提防美軍與國府軍的進攻。原本集中在上海準備「解放臺灣」的黨政幹部亦各自解散，「解放臺灣」計畫至此落空。

美國決定介入臺灣問題之後，一方面在聯合國守護國府的中國代表權，另一方面也對國府重新展開援助。一九五〇年七月底，兼任聯合國軍最高司令的麥克阿瑟飛抵臺北，與蔣介石商討臺灣共同防禦事宜，隨後盟軍最高司令部（GHQ）立即下令派駐常設軍事聯絡團。隔年（一九五一年）二月，正式簽訂《中美共同安全協定》，美國的援助使國民黨政權重新站穩了腳步。美國對國府的軍事援助，自一九五〇年起，直至一九七四年取消為止，總額達二十五億六千六百萬美元；根據《共同安全法》等法案的經濟援助（通稱「美援」）則至一九六五年取消為止，總額約十五億美元。此外，一九五一年四月，美國再度派遣軍事顧問團至臺灣，由蔡斯（William Curtis Chase）少將擔任團長。美國政府將臺灣定位為「即便在和平時期也不容許落入敵方手中」的重要戰略地區。

共產黨與中華人民共和國方面，一九四九年七月毛澤東宣布「一邊倒」向蘇聯；一九五〇年二月，中蘇簽訂《中蘇友好同盟互助條約》。美國採取的措施除了直接援助臺灣之外，也強迫日本與國府簽訂和約（一九五二年四月《中日和平條約》）。此外美國更與國府簽訂《中美共同防禦條約》，將臺灣納入亞洲冷戰前線體制之中。在韓戰的催化下，東西冷戰迅速擴張至臺灣海峽，與中國內戰結合，再次產生了一對分裂的國家。

兩次臺海危機

臺灣海峽繼朝鮮半島三十八度線之後，成為亞洲東西方陣營的分界線。但對美國而言，臺灣的防衛線並未清楚地劃在臺灣海峽上。原因是國府軍仍繼續占領浙江省（大陳列島）、福建省（金門島、馬祖島）沿岸的小島。

一九五三年二月，剛就任的艾森豪總統宣布解除臺灣海峽「中立化」政策，即不再阻止國府軍進攻大陸。蔣介石隨即在沿岸島嶼部署正規軍，積極對大陸沿岸地區展開各種騷擾作戰。蔣期待著爆發第三次世界大戰，使美國重新介入中國大陸內戰並支援其「反攻大陸」。然而到了一九五三年七月，韓戰告終，共產黨軍隨即展開反擊。於是整個一九五〇年代，國共雙方在大陸沿岸島嶼爆發兩次戰爭，美、中兩國也因此數度逼近戰爭邊緣，這便是臺灣海峽危機。

第一次危機爆發於一九五四年至一九五五年間，地點是大陳列島。一九五四年五月，共產黨軍在大陳列島周圍的小島建立據點，同年十一月奪得制空、制海權，隔年一月攻占一江山島，二月攻占大陳島，迫使國府軍撤退。共產黨採取軍事行動的背景，在於美國試圖在亞洲建立起集體防衛體制，而是否將國府納入成為一大問題。最終美國成立了不包含國府的東南亞公約組織（ＳＥＡＴＯ），但共軍的攻勢加快了美國與國府簽訂條約的速度。一九五四年十二月，《中美共同防禦條約》正式簽署。一九五五年一月，美國國會應艾森豪之要求，授權總統於臺灣、澎湖遭攻擊或「攻擊方明顯正在進行準備行動」時使用軍事力量（《福爾摩沙決議案》），此決議在參、眾兩院以壓倒性多數獲得通過，次月美國國會便批准了《中美共同防禦條約》。

中美對立氣氛升高，但雙方皆有所克制。共軍在美軍第七艦隊支援國府軍撤離大陳列島期間，完全停止攻擊。而西方盟國乃至美國輿論，也不希望中國沿岸島嶼的緊張情勢升級為對中全面戰爭。四月，周恩來在萬隆亞非會議上表示，中國有意與美國談判，緩解臺灣地區緊張局勢。經七月日內瓦四國高峰會議後，中美雙方展開會談（八月一日舉行第一次會談），危機逐漸解除。

在中美進行會談的期間，中國領導人開始提出的「和平解放臺灣」的構想。主要的提出者是總理周恩來。他曾提出「如果可能的話，中國政府願意和臺灣地方的負責當局協商和平解放臺灣的具體步驟」（一九五五年七月三十日），以及「若蔣介石願意回到北京，將會是中央政府部長級以上的職位」（同年十一月二十六日）等等。共產黨的目的，是為了在中美會談上，面對主張中國應該放棄在臺海動武的美國，展示臺灣問題屬於中國的「內政問題」，並試圖離間美國與國府之間的關係。

這些發言引發了「第三次國共合作」的傳聞，在這個時期，臺灣也發生了幾起顯示華府與臺北關係緊張的事件。如一九五五年八月的孫立人將軍事件（備受美軍器重的總統府參軍長孫立人遭解職並軟禁），以及一九五七年五月的臺北美國大使館襲擊事件（疑似蔣經國指揮的特務機關利用國府軍中校遭美軍殺害的私人糾紛暗中策動）。不過影響僅止於此，並沒有掀起更大的波紋。

第二次臺海危機，則發生於一九五八年八月至十月，地點是金門島。進入一九五八年之後，周恩來關於「臺灣解放」的談話中，已不再提及「和平」二字。八月二十三日，共軍猛烈砲擊金門島，據國府公布的資料，截至十月六日宣布暫停一週砲擊為止，共發射了四十二萬七千兩百發砲彈。國府軍自七月底空戰後已失去沿岸制空權，金門島補給陷入困境。八月底共軍福建前線司令部甚至向國府金門司令部發出投降勸告。此次共軍突然發動砲擊的背景，一般認為與中蘇之間的同盟矛盾有關（毛里和子《中國與蘇聯》）。

美國再度介入，這次雙方同樣各自克制。九月四日，國務卿杜勒斯援引《福爾摩沙決議案》譴責共產黨砲擊金門島，同時提議中美就臺灣地區相互放棄武力展開談判。這同時也是回應中國自六月以來要求重啟中美會談（一九五六年九月中斷）的主張。翌日，第七艦隊奉命出動，但任務僅限於護衛金門島補給。九月六日，周恩來同意恢復會談。十月六日，中國國防部長彭德懷發布《中華人民共和國國防部告臺灣同胞書》，稱「美帝國主義是我們的共同敵人」，宣布在美國艦隊停止護衛補給為條件下暫停砲擊一週，美方同意停止護衛。十三日宣布再延長暫停砲擊兩週，二十五日宣布往後雙數日停止砲擊，國府軍也同意了。從此，共軍在單數日由廈門島砲擊國府軍，國府軍則在雙數日從金門島砲擊共軍，形成一種象徵性的戰爭（旨在向美國表示中國內戰仍持續進行中），危機至此解除。

中國內戰的阻止與「一個中國」體制

最終，「解放臺灣」遭到阻止，「反攻大陸」也未能實現。一九五八年十月二十三日，美國國務卿杜勒斯迫使蔣介石發表聯合公報，表明「光復大陸的主要武器為三民主義之實行，而並非憑藉武力」。儘管如此，一九六二年，蔣介石仍然試圖利用中國大陸因「大躍進」失敗而陷入混亂之際展開反攻，但在甘迺迪政府嚴密監控下不得不中止。

這樣一來，蔣介石的「反攻大陸」與毛澤東的「解放臺灣」都遭到了阻擋。然而國府接受了作為亞洲冷戰局勢下的反共前哨基地的角色，使得其在中國內戰中的立場獲得美國在國際社會上的支持。直到一九七〇年代初期為止，堅持「一個中國」原則的國府都是國際社會上的單方面受益者。

對美國來說，堅持「反攻大陸」的蔣介石未必是維護臺灣這個反共前哨基地的理想領袖。但美國最終既無法讓其他人取代蔣介石，也無法改變他堅持「一個中國」原則及主張國府為中國正統政權的立場。美國在聯合國內持續支持國府的中國代表權，西方主要國家也支持國府並與國府持續維持邦交關係。

另一方面，「一個中國」是毛澤東與蔣介石雖然對立但共同堅持的原則。這個原則至今仍未成為現實，但同時美國也沒有辦法將臺灣防衛與此原則進行切割。換句話說，這個原則制約了臺灣海峽秩序提供者美國這個超級強權的行動。從這個意義上來說，臺灣海峽不僅有「美國的和平」，也存在著「一個中國」體制。

國民黨的「改造」與領袖獨裁的黨國體制

現在我們再將目光拉回臺灣內部。在一九五〇至一九六〇年代，在臺灣的「中華民國」作為美國封鎖中國的前哨基地，於東西冷戰的國際社會中找到了自己的存在價值，而且還是「一個中國」體制的受益者。這段時期國民黨政府在臺灣重新站穩了腳步，同時透過政治警察的嚴密鎮壓掌控臺灣社會，形成了穩定的政治局勢。在這種安定的狀態下，美國的援助獲得有效運用，臺灣經濟實現了高速成長，社會也因此出現了巨大變化，這就是後人所稱的「臺灣奇蹟」。

首先我們來看國民黨如何鞏固政權。在中國大陸的敗退，對蔣介石固然是一大打擊，但同時也是讓蔣介石進一步強化掌控國民黨的絕佳機會。這聽起來有些矛盾，卻是不爭的事實。由於戰敗，長期困擾中央政府的地方軍閥勢力消失了，黨內因人事與利益而爭鬥不休的派系也大幅弱化。蔣介石在大陸內戰形勢惡化後，深刻認為其根本原因在於黨員腐敗、組織鬆散、軍隊士氣低落與軍閥化，於是開始規劃對國民黨進行「改造」。一九五〇年三月，蔣介石復任總統，藉由美國的介入與援助，解決了燃眉之急，蔣介石自身威望也提升了，於是他正式展開黨的改造工作。其目標是打造一個克服派系問題、貫徹領袖指導（「領袖獨裁」）的黨，並透過黨對軍事與行政進行一元化的掌控。

一九五〇年七月，國民黨中央常務委員會通過「改造方案」，由蔣介石任命的「中央改造委員」，在下一次黨全國代表大會召開前的「改造期間」，取代過去的決策機構中央執行委員會與中央監察委員會的權限，透過統一領導的體制著手進行黨的整頓工作。黨組織的「改造」按以下程序推進：①現有黨員重新登記，並清除不良黨員，②吸收新黨員，③將黨員編入組織。一九五二年十月國民黨召開第七次全國代表大會，正式通過包含「本黨為革命民主政黨」這一獨特自我定義的黨章與黨綱，並選出四十名中央評議委員與三十二名中央委員，最後由黨總裁蔣介石指名選出十名中央常務委員，黨的「改造」至此完成。不管是改造委員會，還是中央常務委員，第一順位都是陳誠（由臺灣省主席轉任行政院長），第二順位則是蔣介石的長子蔣經國。

另外，軍隊與政治警察的統制與重編，並不與其他國家部門一起處理。軍內的黨組織稱為「特種黨部」，中隊規模以上的部隊皆設有黨部，但由於憲法上禁止政黨介入軍事，因此不能對外公開。軍隊的政治掌控實際上是由國防部總政治部主任蔣經國主導，他在蘇聯留學期間曾加入紅軍。蔣經國所負責的「政治工作」系統，橫跨軍中的軍令系統與不公開的黨務系統。

至於政治警察，在中國現代政治史上稱作「特務（系統）」。特務除了要執行對外的諜報工作外，還必須對政府內部的政敵及體制外的反對勢力進行情蒐、監控、逮捕與拘禁，有時甚至包含恐攻任務，是政治權力的重要支柱之一。國民黨還在大陸的時期，特務可分為兩大系統，其一是黃埔體系（由蔣介石擔任校長的黃埔軍官學校出身者所組成的派系）的「軍統」（國民政府軍事委員會調查統計局的簡稱），其二是深受掌控黨務的CC派影響的「中統」（國民黨中央委員會調查統計局的簡稱）。但內戰的敗北，使得這些特務系統幾乎瓦解。蔣介石讓長子蔣經國參與特務系統在臺灣的重建工作，後來更將整個特務系統交給他統籌管理。

據說在一九四九年八月，蔣介石於臺北市郊外成立了一個名為「政治行動委員會」的組織，但初期的來龍去脈有不少疑點，只知該委員會是由國防部保密局（「軍統」之後身，後改為國防部情報局，再改為軍事情報局）、內政部調查局（「中統」之後身，後改隸司法行政部，後又改隸法務部）、憲兵司令部、國防部第二廳、臺灣省警務處、臺灣省保安司令部（戒嚴令實施機關，後改為臺灣警備總司令部，簡稱「警總」）等情報治安機關的正、副主管擔任委員。蔣介石試圖利用這個委員會統籌指揮特務工作，但由於該委員會並非正式機構，因此自一九五〇年三月蔣介石復任總統後，委員會所發出的指令或聯繫公文，皆使用「總統府機要室資料組」之名義。蔣經國以該「資料組」主任的身分，任用他自大陸帶來的舊部屬，採取重視軍統而壓制中統的方針，重新整合在臺灣的特務系統，手握的實權橫跨多個特務機構。「總統府機要室資料組」於一九五四年成為正式機關，改名為國家安全局，隸屬於仿效美國國家安全會議所設立的國防會議（一九六七年改稱國家安全會議）之下，蔣經國則改任國防會議副祕書長，手握大權（松田康博〈蔣經國對特務組織的再編〉）。後來蔣經國歷任國防部長、行政院副院長、行政院長，雖然職位愈來愈高，但從來不曾放掉對特務機構的掌控。

蔣介石透過「改造」國民黨，讓中央政府內僅由掌握行政系統的陳誠，以及掌握軍事與特務系統的蔣經國能夠建立新的派系，而舊有的派系勢力則一律排除。此外，蔣介石還藉由「改造」國民黨，取得一種「非常時期的特權」，並且讓身為黨總裁的自己，在黨內常規體制下持續握有這樣的權力，成功建立其自身對黨的統一領導。用國民黨的術語來說，就是「鞏固領導中心」。

但另一方面，國民黨在組織的整體活動上卻日趨形式化。經過「改造」後的國民黨，雖建立起了完全契合從中央到基層行政的金字塔型黨組織，但「改造」結束後，原本應該將國民黨與社會及黨外組織緊密聯繫的「小組」活動大幅降低，同時由蔣經國掌控的反共救國青年團（通稱「救國團」）成為新的仕途管道，正規的黨務系統對專職黨工以外的一般黨員逐漸失去吸引力。

此外，在國民黨的這次「改造」過程中，還設立了對應各級政府機關的「政治小組」、對應各級民意機構（國會及地方議會）的「黨團」（議員團），以及負責聯繫同級的「政治小組」與「黨團」的「政治綜合小組」。黨的組織型態完全依照這個模式受到了「改造」。不過國民黨對國家各部門的掌控，雖然類似共產主義國家的一黨專政（即共產黨的地位在國家機關之上，有權指揮國家機構的體制），但與其說是這套系統有效，不如說是透過黨的領袖（總裁）兼任國家元首（總統）的機制，讓領袖的領導威權有助於確保黨對國家的控制。在此體制之下，除了蔣介石本人不容挑戰的威信之外，在行政系統方面可依靠陳誠，在軍事與政治警察方面則可依靠蔣經國，兩人的統御能力及忠誠心都相當值得信賴。這正呼應了陳誠、蔣經國崛起成為新的中央派系領袖，取代了大陸時期舊派系的事實。（松田康博〈中國國民黨的「改造」〉、陳明通《派系政治與臺灣政治變遷》）。

我們可以說，在國民黨歷經了「改造」之後，蔣介石建立起了一套由黨領導國家的體制，但是並非由黨的各種組織活動來掌控國家的各部門，而是透過由領袖確認其忠誠的新派系領導者來控制各部門並以此貫通整個國家。民主化以前的國民黨，常用「黨國」一詞來強調黨與國家的一體性，筆者就借用這兩個字，稱其體制為「黨國體制」吧。

原本有機會繼承蔣介石地位的陳誠，還沒等到蔣介石去世就先死了（一九六五年），而蔣經國為了順利繼承最高權力，事先經過縝密的安排。因此當蔣介石於一九七五年去世時，黨內並未出現嚴重的派系抗爭，當時「領導中心」早已穩定轉移至蔣經國身上。也正因如此，這套黨國體制的骨架才得以維持，直到一九八〇年代中期正式推動政治自由化之前，始終未曾動搖。

「白色恐怖」

「我們七〇歲這一代的人，曾經連晚上睡覺都會害怕。我不希望子孫再經歷那樣的生活。」在李登輝擔任總統期間的一九九四年，曾如此告訴日本作家司馬遼太郎（司馬遼太郎《台灣紀行》）。李登輝在一九四〇年代末期曾遭懷疑為共產黨支持者，一直到一九七

○年代初期獲得蔣經國拔擢之前，始終受到政治警察監控。因此前面這句話，是李登輝的親身感觸。

如前一章所述，早在中央政府遷至臺灣之前，臺灣就已經開始實施戒嚴令。由於共產黨對臺灣青年及學生的影響力愈來愈大，政府不得不展開共產勢力的肅清行動。而政府遷臺之後，隨著前述特務機構的重整與黨的「改造」，這種肅清行動更趨激烈。根據統計，自一九四九年至一九六○年間，臺灣發生超過一百起的政治犯逮捕事件，約有二千人遭到處決，另約八千人遭判重刑（李筱峰《台灣史100件大事下（戰後篇）》）。

這些政治迫害是打著反共口號掃蕩共產黨員，因此後人稱之為「白色恐怖」。然而遭迫害的人其實不只是地下共產黨員及其支持者，還包含了提出自治要求的原住民，甚至還涉及黨國體制內的權力競爭，以及特務機關之間的競爭。進入一九六○年代後，涉及「臺灣獨立」的案件也逐年增加。

「白色恐怖」的高峰期大致在一九五○年代中期以前。在此期間，國民黨建立起了一套能夠有效監控、威嚇及打壓政治異議分子的系統。這套系統以戒嚴執行機關臺灣警備總司令部為首，是一面龐大、周密且高度重疊的政治警察監視網。除此之外，「白色恐怖」

更體現在二二八事件之後的「恐怖政治教育」上。臺灣民眾被迫養成了視政治為洪水猛獸且無法反抗的心態。恐懼與相互猜疑從此成為民眾日常生活中的政治基本立場。這也正是為什麼後來民主化運動的推手，總是呼籲民眾克服內心的「戒嚴文化」與「自己心中的警備總司令部」。

黨國體制手中的這根鞭子，一方面藉由現實手段（監禁、處決、海外流亡）排除任何有可能提出替代方案來取代高壓黨國體制及組織政治反抗勢力的意識形態（社會主義或臺灣獨立思想）及其支持者（國民黨甚至進一步將監視之眼延伸至海外，滲透及破壞海外的臺獨組織），也成功地讓民眾內化了自我政治規範的心態。政治警察這根強力而有效的鞭子，正是黨國體制得以掌握所有政治與社會控制權的前提。

貨幣改革與農地改革

國民黨政權在臺灣，藉由黨國體制重新站穩了腳步，且在人才（外省籍官員、軍人、士兵、高知識分子）、意識形態（國民黨主張的中國國族主義）及財源（自日本接收的公營事業、美援分配權）上，都不太需要依賴臺灣社會，具有一定程度的自主性。然而這種自主性其實正呼應著政權的外來性，更是一種在臺灣社會中的孤立性。因此國民黨在透過政治警察打壓臺灣社會的同時，為了增進社會安定，必須在某些方面與臺灣社會妥協，以及推進臺灣居民的同化（中國化）。

流亡至臺灣的國民黨政府，除了必須維持治安與鎮壓反對勢力外，首要任務便是穩定社會經濟。肩負此責任的人物，便是在中央政府遷臺之前，就以省主席身分進駐臺灣的陳誠。

一九四九年六月，陳誠果斷推行貨幣改革，以舊臺幣四萬元兌換新臺幣一元，並停止與大陸金圓券的兌換，從此與不斷惡性通膨的中國大陸經濟脫鉤。同時實施高利率政策，以及禁止黃金與外幣外流等措施。目前臺灣使用貨幣的正式名稱為「新臺幣」便是由此而來。

另外在當時占領日本的美國政府要求下，從一九四九年十二月起，臺灣即與糧食短缺的日本展開了民間易貨貿易，並自一九五〇年九月正式簽署貿易協定，此後臺灣與日本之間的貿易額逐年增加。基於上述因素，臺灣僅花了四年便再次脫離中國經濟圈，進入以美國為核心的西方經濟圈。

另一方面，國府也在美國的支援下，進行了農地改革。改革分三階段推行：一九四九年四月，統一將佃租減為三七．五％（「三七五減租」）；一九五一年六月，將政府接收的日本人擁有土地出售給農民（「公地放領」）；一九五二年十一月，政府買下地主的土地再轉售給農民（「耕者有其田」）。這些措施皆頗為成功，共有十萬六千零四十九戶地主（地主總戶數的五九．三％）之出租耕地共十四萬三千五百六十四甲（總出租耕地的五六．五％，一甲約〇．九七公頃）被政府買下，並轉售給了十九萬五千八百二十三戶農家（佃農總戶數的六四．一％）。

地主們所得的補償金中，約三成是以四大公營事業的股票支付，這使得部分地主轉型投入都市工商業，但也有部分地主無法適應變革而沒落，日治時期具有重要社會地位的地主階級自此式微。在此之前，省政府實施了「肥料換穀」制度，即政府以壟斷進口與生產的化肥，交換農家生產的稻米。實質上對農家來說，這是相當吃虧的不對等交換。藉由這些措施，國家占據了原本應該由地主優先取得的農業盈餘，藉此確保龐大軍隊及政府組織的糧食供給並鞏固了財政基礎。

地方自治與「地方派系」

此外陳誠還推行了所謂的「地方自治」。一九五〇年，相關規定以政令形式公布，自隔年舉行臨時省議會議員選舉開始，臺灣省管轄下的縣市長、市議會議員採定期選舉的方式產生。但臺灣省主席及升格為行政院直轄市的臺北市、高雄市的市長仍由中央任命。

這些地方選舉的當選者絕大多數都是本省人。由於中央政治的主要位置被外省菁英占據，就此產生了國政由外省人主導、地方政治由本省人主導的政治菁英族群二元結構。

一九五〇年代初期的選舉，由於農地改革仍在進行中，農村社會尚未完全轉型，當選者多是日治時期以來的地方望族名士，選舉幾乎不花什麼錢。然而隨著各種選舉（尤其是縣長選舉）的發展，各縣逐漸形成了所謂的「地方派系」，國民黨配合提名這些「地方派系」領袖為黨提名候選人，作為爭取群眾支持的重要媒介（僅部分地方勢力不肯向國民黨靠攏）。伴隨此現象的氾濫，選舉逐漸充斥金錢與不正當手段。

「地方派系」的形成機制，是地方社會中的名門望族領袖與選民之間，由領袖提供恩惠或利益給個別的選民，選民再以選票展現其忠誠，形成各取所需的互惠關係。在國民黨逐漸建立地方組織，以及工業化帶來的工商利益向地方滲透的背景下，國民黨政府以黨候選人提名權、地方公車路線經營權及其他獨占利益為誘因，獲取眾多「地方派系」的忠誠；而「地方派系」則透過自身與選民之間的互惠關係，將凝聚來的選票轉化為對國民黨的群眾支持。在國民黨菁英與「地方派系」，以及「地方派系」與地方民眾之間，就這樣逐漸形成了二重的恩惠與庇護關係（Clientelism）。這樣的做法，有效避免身為外來政權的國民黨在臺灣社會受到孤立。然而這也意味著臺灣的社會勢力正以「地方派系」的形式靜靜地滲透到國民黨內部。

「臺灣奇蹟」與社會變遷

到了一九五二年，嚴重的惡性通膨漸趨和緩，農業生產恢復到戰前（一九三八年）的巔峰水準。美國的援助也全面展開，整個一九五〇年代，臺灣經濟穩定復甦與發展。這個時期的成長動力，來自於基礎紮實且經農地改革後農民生產意願提高的農業。從一九五三年起的十年間，農業的年平均成長率達四．四％，不僅支撐了外省移民所帶來的急劇人口成長，更迅速展現了出口能力，每年靠稻米與砂糖創造約一億美元的外匯收入。工業方面則以擁有「美援」提供的棉花原料與保護政策支持的紡織業、擁有穩定基礎的農業、有「美援」原料支持的食品工業，以及復興與軍用需求所帶動的水泥工業發展得最快。

此時期的工業化，屬於仰賴復興期旺盛內需的進口替代型工業。工業生產在相同的十年間，平均年成長率達一一・六%，但不久便面臨內部市場飽和、失業及潛在失業問題未改善、長期貿易赤字等瓶頸。同一時期，由於「美援」的形式逐漸轉變，而且遭到終止的預期心理漸增，政府開始嘗試政策轉型，推動工業產品出口。從一九五八年起，首先實施單一匯率及矯正新臺幣匯率過高的問題，接著推出稅制及金融方面的出口獎勵政策。一九六〇年修正了《獎勵投資條例》，積極引進外資。隔年起外資金額大幅增加，為了擴大成果，一九六六年政府又在高雄設立了第一個出口加工區。

臺灣在接下來近二十年進入了高度經濟成長期。從一九六四年至第一次石油危機，國民生產毛額（GNP）年平均成長一一・一%，從一九七四年到一九七九年，年平均成長也達到八・四%。同時期的出口成長率分別為二九・七%與二三・九%；外貿依賴度（進出口總額占GNP的比例）從五六・一%提高到九一・六%。人均GNP也從一九六〇年的一百四十四美元，到二十年後的一九八〇年已升至兩千二百九十三美元。而且除了第一次石油危機後的短暫時期外，物價大致保持穩定，成功迴避了經濟高度成長期常見的嚴重通膨，而且也沒有一般開發中國家常見的貧富差距擴大問題，所得階層（分為五個階層）中最上層與最下層的收入差距比，直到一九八〇年代初期為止都是呈現下降趨勢。這便是與韓國「漢江奇蹟」齊名的「臺灣奇蹟」。

雖然經濟發展並沒有立即讓政府放鬆其高壓統治，但歷經長期的高度經濟成長，臺灣社會迅速從農業社會轉型為工業社會。一九六〇年代中期是轉型的重要轉捩點。一九六五年，國民生產毛額的產業結構細目中，第二級產業（工礦業、建築業、水電瓦斯業等）已超過第一級產業（農林漁牧業）（二八．六％對二七．三％），而工業產品出口的比例也達到四六％。此後工業化更進一步加速，到一九七五年時，連就業人口的比例也出現第二級產業超過第一級產業的情形（三四．九％對三〇．四％）。相較之下，曾主導一九五〇年代經濟復甦與發展的農業，在低米價政策等不利條件下逐步衰退，政府終於在一九七三年一月取消了「肥料換穀」制度，此後農業逐漸轉為受保護的產業部門。一九八〇年，第一級產業在國民生產毛額中的比例已降至一〇％以下，就業人口低於二〇％。

工業化的快速推進與第三級產業的擴張，帶動了都市化的快速發展。一九五〇年，臺灣人口超過五千人的市鎮僅有二十四個，但到一九八〇年代初期已增至近七十個。因臺灣交通建設較早，勞工的通勤範圍較廣，加上許多中小工廠分布在地方鄉鎮，因此避免了許多開發中國家常見的都市人口爆炸性成長及貧民窟形成等問題。但另一方面，地下鐵之類的大眾運輸系統的建設及環境污染的解決對策卻過於緩慢，不僅河川與空氣污染日益嚴重，都市生活整體環境上也逐漸惡化。自一九八〇年代起，環境問題逐漸成為影響政治經濟走向的重要因素之一。

原本已相當普及的教育，在工業化之後更上一層樓。一九五二年六歲以上人口的文盲率高達四二·一%，到一九八五年已下降至八·四%；而相同期間接受高等教育的人口則從八萬六千人（一·四%）增至一百五十二萬九千人（九%）。

社會階層也趨向多元化。伴隨工業化的發展，大量的都市勞工成為新興社會群體，除了以外省人為主的公務員階層外，大量本省籍的中小企業家也躋身中產階層的行列。但在臺灣，這兩個階層的差異並不明顯，原因在於由廉價且優質的勞動力所推動的出口導向型工業化是以中小企業為主，這使得本省籍人口由勞工階級上升至中小企業經營者階級的流動性相對較高。

上層主導的「中國化」政策

如前章所述，二二八事件的爆發，讓國民黨菁英深切感受到有必要推動臺灣居民的「中國化」政策。國府自中國大陸戰敗流亡到臺灣後，在運用政治警察進行高壓統治的同時，還必須將過去的苦難與未來的目標（「反共復國」）包裝成「中國人」共同的苦難與目標，並且讓本省人接受。經歷了兩次臺海危機，社會瀰漫著戰爭氛圍的一九五〇年代，以及國府的國際地位尚未陷入孤立的一九六〇年代，正是國民黨政府自上而下對臺灣社會推動大規模「中國化」運動的時期。

所謂的「中國化」，意思就是「學習成為中國人」（learning to be Chinese），對本省人來說，意味著要同化於外省菁英所提倡的主流文化。達成同化的途徑，包括透過社會接觸的同化，以及透過制度的同化（學校教育和大眾傳媒宣導），但前者的效果相當薄弱。身為主流文化體現者的外省人在人口上屬於少數，而且如前文所述，愈是回溯到過去，他們愈在社會與空間上與本省人隔離。這種隔離以及黨國體制對「眷村」的不同滲透方式，也削弱了作為少數族群的外省人對多數族群的本省人的同化能力。如此一來，本省人最主要且最強力的同化途徑只剩下學校教育，以及以電視為中心的大眾傳媒。無法依靠社會接觸來推動同化，主要只能仰賴學校教育，這一點與戰前臺灣總督府推動「同化政策」時面臨的狀況相同，但外省統治菁英與本省人的文化距離，卻遠比過去臺灣人與日本人的距離更近，且國民黨在推動這些政策時，得以站在日治末期初等教育就學率已超過七〇%的教育普及基礎之上（Wang, Fu-chang〔王甫昌〕*The Unexpected Resurgence*）。

國府的「中國化」政策，便是透過制度進行同化，以語言同化（「國語普及」）和認同同化（灌輸「中國意識」）為目標。

語言同化方面，教學用語當然必須使用「國語」。從一九五三年起，政府便規定教室內只能使用「國語」。無法以國語授課的本省籍教師，逐漸被外省籍教師取代。學校內產生了一旦使用母語，就會遭到處罰的慣例，學生間還流行起向老師打小報告「某某同學說了母語」的惡習。這種做法不僅讓學生產生母語低國語一等的歧視意識，也使「國語」能力在日益激烈的升學競爭中成為關鍵，而外省籍學生在這方面明顯占優勢。大學生中的外省人比例在一九六六年為三四％，即使到一九八七年也還維持在三〇％，超過外省人的人口比例達兩倍以上。許多在一九五〇至六〇年代就學的本省人，都曾有過在國小、國中的作文與口頭發表時，在外省籍同學面前感到自卑的經驗。

在「中國意識」的灌輸方面，首先必須提的是教科書的內容。當時使用的是全國統一的國定教科書，其中文科類教科書內容幾乎全部與中國大陸、中國文化及國民黨（「國父」孫文、「領袖」蔣介石）有所連結。歷史教科書中，九成以上內容都在講述「中華四千年」的歷史，現代史僅介紹到「八年抗戰」為止。關於臺灣歷史的記述極為稀少，更完全沒有提及二二八事件，而公開討論此事件，在社會上也是一種禁忌。即使到了一九八八年（禁忌逐漸消失的時期），根據《聯合報》的問卷調查，全臺灣八百八十七名受訪者中，僅一五％知道二二八事件。地理教科書中，有關臺灣地理的內容（臺灣僅為「全國三十五省」之一）不足五％。而且為強調共產黨統治中國大陸的違法性，中華人民共和國成立後的行政區域或名稱變更並未反映在臺灣的教科書上（例如依舊將北京稱為「北平」）。國語教科書使用的文章，多取自國民黨領袖及非左翼的中國作家作品，臺灣作家的作品僅占一小部分。

不僅如此，這些「中國意識」教育還結合了大學升學競爭的填鴨式教學法、強調服從的各種校園儀式、在學校內對教師進行監控的「安全室」（政府機關與大企業內負責政治監控的部門），以及高中以上學校內的「軍訓」（即軍事訓練，一九五〇年代由救國團負責）與「教官」（軍方派駐學校的軍事訓練與生活輔導人員）來加強對學生的管理。此外，救國團系統也透過對青年學生進行各種「克服國難」、「支援大陸同胞反共」等宣導來強化其教育效果。學校以外，則有「政工系統」深入文化機構與大眾傳媒，在對一般市民的政治社會化上也扮演了重要角色。

同化的進展及其不均衡性

這樣的「中國化」政策，在一九五〇年代還看不出明顯的效果。當時戰前出生的世代仍占人口的絕大多數，二二八事件還令民眾記憶猶新，「白色恐怖」正進行中，社會上本省人與外省人之間的族群差異相當明顯。

但是進入一九六〇年代之後，制度性的同化效果就逐漸顯現出來了。一九六二年，臺灣開始播送電視節目，使得這個時期以後入學的兒童，在入學前就能接觸到「國語」及其文化，而且在入學後，下課後還是持續有接觸的機會。每一千戶家庭的電視普及臺數，在一九六四年為一四．三臺，到一九七〇年已達三百七十一臺。一九九〇年代上映並廣受好評的吳念真執導電影《多桑》，即描寫了一九六四年東京奧運會期間，父親（家人稱他為「多桑」，這是融入了福佬語中的日語詞彙）看到日本選手表現而感到高興，卻被孩子罵作「漢奸」。這可以說是制度性同化初見成果的時期，本省人家庭內部出現的矛盾。

這樣的變化，也可從社會面（本省人開始出現新中產階層）及文化面（制度性同化的環境形成），視為外省人與本省人關係開始「解凍」、「省籍矛盾」正往逐漸消除的方向發展。臺灣經濟在進入一九七〇年代後，除石油危機帶來短暫停滯之外持續成長，伴隨而來的是學校教育的擴展與大眾媒體的發展，這樣的環境具備了讓制度性同化持續存在的有利條件。

根據王甫昌引用的一九八七年問券調查，本省人作答者中有三〇％在家裡與父母對話時也使用國語，而這個比例在大學和專科學校畢業生之中更高達五六％。同一份調查中，認為自己是「中國人」的本省人占三三％，而在大學和專科學校畢業生中，這個比例高達六一・四%。若僅從語言同化的角度來看，以筆者自一九八〇年代起親自走訪臺灣各地的感受，至少在都市地區，不限於本省籍的菁英或準菁英階層，一般民眾都已能做到母語與國語並用，語言同化可說是相當成功。這就是為什麼在一九八〇年代，那些戰前出生、習慣使用日語的本省人，會用流利的日語感嘆自己與孫子之間缺乏溝通語言，還將這種情況形容為「一家三代二國語光復節」。

此外，在臺灣成長或出生的新世代外省人，即使是眷村子女，在學校教育方面也和本省人擁有共同的就學經驗。再加上教育水準的提升與本省籍新中產階級人數的增加，也意味著這兩種新世代之間的接觸機會增加。因此隨著時代的推移，雙方的通婚也會增加。根據王甫昌引用的問券調查，在一九八七年，有九三%的本省人與九一%的外省人表示，本人或其子女的婚姻不會將省籍列為條件。

不過必須留意的是，這種以語言為主的同化，在臺灣各地社會並非等速均質推進。從地區的差異來看，中央政府機關與高等教育機構集中的北部社會，以及缺乏這些機構的中南部社會，國語與母語的使用頻率便有著顯著差異。再者，即使同樣是本省人，族群人數眾多的福佬人與少數族群的客家人，表現出來的態度也不盡相同。一般而言客家人在語言同化方面，往往被迫表現得較為積極。

另外還有一點必須注意，那就是由政府主導的「中國化」也伴隨著對本土性（即「臺灣性」）的打壓。本省人的母語受到打壓，尤其是使用人口占大多數的福佬語受到打壓，潛在反彈效應一直十分強烈。國語普及政策將本省人的母語與文化傳統定位為較外省菁英帶來的中國文化低了一等，這種政策愈成功，就愈容易產生在教室內蒙受族群屈辱的本省人。

此外，由下一章將提到的「黨外」民主化運動與「說國語的高學歷本省人」之間的關係，亦可看出由國府的「中國化」政策所造就的精通國語、熟悉中國文化與歷史的本省人，並不見得會永遠順從黨國體制。

對原住民族群的衝擊

在本章的最後，筆者想談的是臺灣社會中人口最少的族群，也就是原住民族群的情況。雖然國府採行了一些改善原住民處境的政策，例如在土地權利上，對原住民採行保護性的「山地保留地」政策，並且在地方議會設置原住民保障名額，但是在學校教育方面，國府對原住民實施的卻是與漢族完全相同的「中國化」教育。即便是原住民兒童，也必須學習第二章曾經提到的吳鳳神話。

一九六〇年代之後，隨著臺灣經濟快速發展，雖然教育逐漸普及至山地區域，但在與平地人進行社會和經濟上的競爭時，原住民一直是不利的一方。平地的經濟愈是繁榮，平地漢族的經濟力量便愈會深入山地；原住民青年則流入平地的都市底層，形成貧窮階級。同時經濟發展所帶來的環境破壞，也影響了原住民居住地。隨著青年大量出走，許多原住民部落都處於經濟和文化的崩潰邊緣。

第五章

「處變不驚」

——臺灣的外交危機與自我主張

「處變不驚」

一九七〇年代初期，臺灣的國民黨政府遭遇了前所未有的外交危機。美國開始尋求與冷戰時期亞洲敵國中華人民共和國進行政治和解，即所謂的「中美和解」。臺灣的「中華民國」在國際社會上受美國庇護，因此當美國外交政策發生戰略性改變，臺灣的處境自然也會跟過去截然不同。

黨國體制的「領袖」蔣介石在一九六九年遭遇車禍後身體迅速衰弱，處理這場外交危機的重擔，便落在他的長子蔣經國身上。蔣經國在這一年已升任行政院副院長。雖然直到一九七八年他才正式接下蔣介石的總統兼國民黨黨魁大權，但在此之前他早已坐擁黨國體制「領袖」的實質地位，而這也意味著臺灣政治進入了蔣經國時代。

「處變不驚」四字，是國府用來因應這場危機的宣導標語，取自蔣介石激勵國民的一段話，全句為「莊敬自強，處變不驚」，意思是「保持冷靜，讓自己更加堅強，面對變化時毫不動搖」。一九七三年春季，筆者首次造訪臺灣時，到處都看得到寫著這八個字的巨大看板。蔣經國對於「變」的因應方式，也為日後臺灣「中華民國」轉型的諸多要素埋下了種子。

中美和解與「中華民國」的國際孤立

一九六〇年代末期，作為臺灣「中華民國」庇護者的美國，與過去敵對的中國，雙方都基於各自的戰略考量，開始嘗試拉近關係。美國急於從早已陷入泥淖的越戰中抽身，與中國改善關係符合其自身國家利益；而中國自一九六〇年代初因意識形態爭執而與蘇聯交惡，至此時期已發展到北方邊界可能爆發武力衝突的嚴重地步。

一九六九年一月，美國總統尼克森在就職演說中暗示希望改善與北京的關係，隨後更透過一系列措施表達了此一意願。同年，美國放寬了國內公民赴中國旅遊的限制，同時也減少了第七艦隊在臺灣海峽的巡邏任務（從常規巡邏變為不定期巡邏）。一九七〇年一月，美國國會削減了原計畫提供給臺灣一個中隊的 F4D 戰鬥機的預算。

對於華府發出的訊號，北京也作出了回應。一九七一年四月，中國邀請正在日本名古屋參加世界桌球錦標賽的美國選手訪中。七月，美國國家安全顧問季辛吉祕密訪中並與周恩來總理會談，雙方決定隔年安排尼克森總統訪問中國。

中美的和解震撼了西方各國。一九七〇年秋天，加拿大和義大利率先與北京建交；在日本，也掀起了對「中美越頂外交」的強烈批判⑦，對當時長期執政的自民黨佐藤榮作內閣造成了不小的打擊。

一九七一年，國府終於喪失了聯合國會員資格。過去國府在聯合國的中國代表權得以長期維持，在一九五〇年代是藉由「緩議」（moratorium）提案，不將中國代表權問題列入大會議程；一九六〇年代則是利用了「重要問題」（Important Question）提案，要求中國加入聯合國須獲得大會三分之二以上同意。然而在一九七一年秋季的聯合國大會上，「重要問題」的提案遭否決，國府被迫自行宣布退出聯合國。此後，國府自然也陸續喪失了包括聯合國附屬機關在內的主要國際組織的會員資格。

一九七二年二月，尼克森總統實現歷史性的訪中，雖然未立即建交，但雙方發布了

⑦ 譯註：「中美越頂外交」（米中頭越し外交）為日本人的說法，意指美國沒有事先與戰略盟友日本商議，就擅自與中國接觸及和解。

《上海公報》，其中載明「（美國）認知到臺灣海峽兩岸的所有中國人均認為中國只有一個，臺灣是中國的一部分」。同時，北京和華府互相設立聯絡辦事處。

日本也於同年九月由首相田中角榮訪問北京，發表《中日聯合聲明》。日本宣布與中國建立邦交，與國府斷交，同時宣布一九五二年與國府簽訂的《中日和平條約》失效。此後許多國家紛紛轉而與北京建交，到一九七九年，國府的邦交國已減少至二十一個國家。臺灣的「中華民國」頓時跌下了「一個中國」體制的受益者地位，遭中華人民共和國取代，國府陷入了嚴重的外交孤立處境。

根據近年公開的資料顯示，一九七二年尼克森訪問中國時，尼克森在與周恩來的祕密會談中明確表示「臺灣是中國的一部分」、「不支持臺灣獨立」。另外，關於前述《上海公報》中的用詞，隨行的國務卿羅傑斯（William Pierce Rogers）與東亞暨太平洋事務助理國務卿（Assistant Secretary of State for East Asian and Pacific Affairs，簡稱亞太事務助卿）格林（Marshall Green），曾認為臺灣本土的多數居民並不接受國民黨政府所主張「臺灣是中國的一部分」的立場，因此主張應刪去「臺灣海峽兩岸所有中國人」這句話中的「所有」二字，但因中國方面拒絕妥協而未能實現（孟捷慕《米中奔流》）⑧。一如羅傑斯、格林的觀察，二十年後，原本在《上海公報》中被視作不存在的「不認為臺灣是中國的一部分的臺灣人」開始崛起。而諷刺的是，觸發此一過程的肇因，正是中美和解對臺灣政治造成的衝擊。

美國的臺灣防衛政策的轉變

隨著中美和解，美國對臺灣防衛的介入也出現了質變。美國在《上海公報》中表示期待「由中國人自己和平解決臺灣問題」，並表示將「隨着緊張局勢的緩和，逐步減少在臺美軍設施和武裝力量」。一九七一年，美國國會一致通過廢除了第一次臺海危機時通過的所謂《福爾摩沙決議案》。在臺美軍自一九七三年越戰各交戰方簽訂了和平協約後大幅撤

⑧ 譯註：本書作者為James Mann，美國資深記者，「孟捷慕」是其中文名。《米中奔流》是其著作About Face: A History of America's Curious Relationship With China From Nixon to Clinton的日譯本書名，本書的中譯本書名為《轉向：從尼克森到柯林頓美中關係揭密》，先覺出版，譯者林添貴。

離，中美建交（一九七九年一月一日）後的四月，美軍顧問團也撤出臺灣，同年年底更廢止了《中美共同防禦條約》。自一九七四財政年度起，美國停止對臺灣的無償軍事援助。

不過美國將軍隊撤出臺灣的同時，也建立起了協助臺灣強化自主防衛力量的政策，其中包含強化軍事技術合作。美國與中國建交後，美國通過名為《臺灣關係法》的國內法，向臺灣出售「防衛性武器」，即是其協防政策的延續。

日本和西方主要國家雖然與中國建交，但並未全面斷絕與臺灣的關係，依然持續以經貿為主的「非政府間實務關係」。臺日之間成立了負責處理通商和領事事務的非政府實務機構，即「交流協會」（日方）和「亞東關係協會」（臺方）。由於臺灣經濟快速發展，這種「非政府間實務關係」也持續擴大⑨。

「十大建設」

實質上已經掌握最高權力的蔣經國，是如何因應「中華民國」所面臨的這場外交危機帶來的衝擊呢？

在經濟方面，蔣經國推動名為「十大建設」的大規模國家投資計畫，試圖挽回因移民和資金外流而動搖的人心。

所謂的「十大建設」，是蔣經國內閣所推動的十項國家級大型投資計畫，包括興建南北高速公路、桃園國際機場、包含三座核電廠在內的各種發電廠、鋼鐵一貫作業的中國鋼鐵公司、中國造船公司，以及各種石化工業發展建設等，以達到建立產業基礎與振興重化工業的目的。這些基礎設施與重化工業的重要性，早在一九六〇年代經濟發展過程中便已浮現。十大建設雖非全部項目都達成預期的效果，但在基礎建設方面，南北高速公路、桃園國際機場等建設堪稱極為成功，而在振興重化工業方面，臺灣的石化產業原本就具備強盛的下游加工外銷能力，擁有進口替代型工業化的成熟條件，因此大規模的投資獲得了非常顯著的成效。臺灣在一九七〇年代便已建立了化纖紡織及塑膠加工的原料自給體制，一九八〇年代更進一步進軍出口市場。石化產業的發展政策，對一九七〇年代以後的產業發展可謂貢獻良多。

---

⑨「交流協會」與「亞東關係協會」這兩個名稱從字面上難以看出具體的組織性質，直到二〇一七年才正式更名為「日本台灣交流協會」與「臺灣日本關係協會」。

臺灣經濟雖然在一九七三年石油危機後的一九七四年幾乎陷入零成長（成長率僅一・一％），物價更暴漲了四〇％，但得益於「十大建設」巨額投資帶來的效果，一九七五年經濟成長率迅速回升至四・三％，從一九七四年到一九七九年，創下平均每年八・四％的高成長紀錄。

《大學雜誌》與「增額選舉」

蔣經國在政治上的因應措施，主要內容為實施「萬年國會」的部分定期改選，以及開始積極任用本省人進入黨政單位。

在蔣介石時代，形成了地方公職由本省人擔任、中央及國政層級由外省人主導的政治菁英族群二元結構。「萬年國會」的部分定期改選（「增額選舉」），就國會整體而言雖是部分改選，但對臺灣地區而言卻是「全面選舉」，因此當選者幾乎都是本省人。此制度的實施，與積極任用本省人至國政層級的政策（即「本土化」政策）相輔相成，雖然在做法上有些扭曲，卻具有部分化解前述二元結構的效果。透過化解政治菁英的族群二元結構，吸收本省籍菁英以團結島內，就是蔣經國因應政策的核心理念。以下我們先看「萬年國會」的調整部分。

一九六六年的國民大會，除了第四次投票通過由蔣介石擔任總統之外，同時決議於「自由地區」（即國府實質統治下的臺灣、澎湖及金門、馬祖等大陸沿岸島嶼）實施「缺額補選」，名義上是補足中央民意代表的缺額及因應臺灣地區人口增加所導致的不足額。由於僅是缺額補選，在此選舉中的當選者依然屬於第一屆民意代表，也就是不實施改選的無任期民代。

此時決議的「缺額補選」於三年後的一九六九年舉行，共選出國民大會代表十五名、立法委員十一名（此外以間接選舉的方式選出監察委員二名）。當選者之中包括以無黨籍身分在臺北市當選的黃信介（一九二八－一九九九年）。黃信介後來成為「黨外」勢力的領袖，於美麗島事件中被捕入獄並遭剝奪立委資格，獲釋後曾短暫擔任在野黨民主進步黨主席。

然而這種數量少又僅限一次的無任期民代，對於化解「萬年國會」的矛盾（真正能代表實質統治地區的民意代表過少），並無實質幫助。

因此就在不久之後，當臺灣面臨外交危機與政權繼承的轉換期之際，蔣經國為了在黨內資歷比自己更深的元老們面前鞏固自己的地位，表現出了允許在有限範圍內討論改革議題的寬大態度。此時一群抱持危機意識的青年知識分子便集結於《大學雜誌》，提出了大量包含國會全面改選在內的改革言論。由於當時在香港、美國華人及留學生之間正掀起「保衛釣魚臺運動」、抗議日本主張釣魚臺主權，青年知識分子的改革論述剛好趕上了這股社會運動的氛圍。再加上身兼救國團主任的蔣經國被塑造成「青年導師」形象，改革言論又打著「青年愛國言論」的名義，令政府難以直接打壓。

當然這時期的改革言論效果有限，並沒有辦法真正實現國會全面改選，但至少促成了一九七二年《動員戡亂時期臨時條款》再度增訂時加入的「戡亂時期中華民國自由地區增額選舉」。此制度的內容包括：①大幅增加「自由地區」與海外華僑的民意代表席次，其中「自由地區」民代經由普選產生，海外華僑民代則由總統直接指派，並實施定期改選；②大陸選出的民代及前述「缺額補選」所產生的民代，不經改選繼續行使職權。以結果來看，國民大會代表（任期六年）的增額選舉延續至一九八六年，立法委員（任期三年）則延續至一九八九年（參見圖表5-1）。

圖表 5-1　中央民意代表缺額補選及增額選舉中國民黨與無黨籍（1986 年與 1989 年為民進黨）的席次統計與得票率

實施年分	選舉類別	國民黨		無黨派／民進黨		補選／增額席次（總統指名的海外華僑名額）
		席次數	得票率	席次數	得票率	
1969 年	立法院補選	8	76.0	3	24.0	11
	國民大會補選	15	79.7	0	20.3	15
1972 年	立法院選舉	22	70.2	6	29.8	28（15）
	國民大會選舉	27	72.0	9	28.0	36
1975 年	立法院選舉	23	78.7	6	21.3	29（15）
1978 年	立法院／國民大會選舉	因選舉期間中美建交而中止，1980 年恢復舉行。				
1980 年	立法院選舉	41	72.1	11	27.9	70（27）
	國民大會選舉	40	66.4	11	33.6	76
1983 年	立法院選舉	44	70.7	3	39.3	71（27）
1986 年	立法院選舉	59	66.3	12	24.9	73（27）
	國民大會選舉	68	60.2	11	22.2	84
1989 年	立法院選舉	72	63.0	21	27.3	101（29）

註 1：1986 年以後的無黨籍席次統計為民進黨方面的資料

表格內容／若林正丈

資料來源／若林正丈，《台灣　分裂國家與民主化》，東京大學出版會，一九九二年，221 頁。

這對國民黨菁英而言，是個暫時性的有用制度。在這個制度下，本應隨著時間而逐漸消失的「法統」實體，可以透過「增額」的方式定期補充，而且幾乎全部都是國民黨籍的無任期民代仍可繼續行使職權。因此不論選舉結果如何，短期內都不會影響國民黨的執政地位及其政策。然而從另一個角度來看，由於選舉實施區域幾乎涵蓋政權實質統治的全部範圍，因此「增額選舉」在形式上可說是反映人民總體意志的一種「全面選舉」。國民黨只要運用其龐大的組織與資源，在這些選舉中取得壓倒性的席次與得票率，便可以定期獲得中央政治層級上「擁有民意」的證據。

我們可以說，蔣經國是為了因應國家危機，才決定將「中華民國」的整體政治經濟轉向「本土化」的方向，但他並不打算進行更大幅度的改革。因此在蔣經國藉由實施「增額選舉」平安度過政權交接的過渡期後，便轉頭打壓《大學雜誌》。該組織隨即承受種種壓力，於一九七三年內便四分五裂。有些人被國民黨吸收，成為黨內新興專業官員；也有些人遠離國民黨，投入反國民黨政治活動；另一些人雖然保持自由主義立場，卻退回學術象牙塔。一九七〇年代初期受外交危機觸發的知識分子改革運動，就這麼迅速瓦解了。

本省籍菁英的任用

蔣經國在政權交接的最終階段，推出了新的人事政策。其核心是有選擇性地吸收戰後二十年間隨著社會及經濟發展而崛起的本省籍菁英，藉此鞏固自己的政權。外國的英文媒體稱之為「臺灣化」，此政策有兩個面向。

首先是培養國家菁英的儲備人才。蔣經國喊出拔擢「青年才俊」的口號，自一九七〇年起，先後任命親信李煥（一九一七－二〇一〇年）兼任行政院青年輔導委員會主任、救國團主任、革命實踐研究院（國民黨高級幹部培訓機構）主任，以及中央委員會組織工作會主任等黨政青年與組織工作的要職，負責新政策的執行。

受到拔擢的「青年才俊」之中包括大量本省人，除了委以政府部門的職位之外，也擴及以往較少任用本省人的中央黨部幹部及地方黨部主委。例如原本在《大學雜誌》發表改革論述，後來轉向反國民黨的本省籍菁英張俊宏、許信良等人，最初也是受李煥拔擢進中央黨部，成為未來國家菁英的儲備人才。這些本省籍的「青年才俊」在一九七〇年代後期，紛紛被國民黨投入地方公職選舉，以牽制「地方派系」。

蔣經國更進一步在國政層級大膽拔擢本省人。首先在內閣方面，他於一九七二年擔任行政院長後，將閣員中的本省籍人數從原本的三人增加到七人。重要地方首長方面，更首次任命本省人擔任臺灣省主席。雖然此次受拔擢者為被稱作「半山」的謝東閔（一九〇八－二〇〇一年），但之後接替此職位的是戰後從基層公務員一步步晉升的林洋港（一九二七－二〇一三年）。

在黨的重要職位方面，蔣經國於父親在世時未曾調動黨內人事，但在蔣介石去世且自身成為黨主席後，自一九七九年開始，他一方面保留資深黨員的職位，一方面增加新任政府要職的本省人，進入黨內核心單位中央常務委員會。

蔣經國去世後，臺灣之所以會出現首位本省籍總統李登輝，正可歸結於蔣經國當年的這項政策。李登輝（一九二三年生於新北市三芝區）在一九七二年蔣經國組閣時，首次以負責農業事務的政務委員身分登上政治舞臺。其後擔任臺北市長，接著又獲拔擢為繼林洋港之後的臺灣省主席，並於一九八四年蔣經國連任第二屆總統時，被提拔為副總統。

一九七〇年代初期，臺灣的「中華民國」面臨外交危機之際，蔣經國採取了上述這些應對策略。今日在臺灣的「中華民國」現狀，與蔣經國當年的決策有著密不可分的關係。

如今我們可以明確看出，其整體政策可用「本土化」一詞來囊括。這意味著一九七〇年代初期的「中華民國」對外危機，其實也是「內戰狀態」下「中華民國」的正統性危機。一個臺灣社會眼中的外來國家，悄悄將其治國方向從「反攻大陸」轉換為「重視臺灣」，試圖藉此吸收外交危機所帶來的衝擊。

「臺灣人要出頭天」

就在蔣經國嘗試將治國方向轉向重視臺灣社會之際，臺灣社會也出現了新的社會勢力。自一九六〇年代之後的高速經濟成長，催生了大量的本省籍中產階級，這些人主要是依舊無法與農村完全切割的大量都市勞動階層，以及在出口加工產業中迅速壯大的中小企業家。另一方面，臺灣的整體教育水準也大幅提升。一九七〇年代初期，在《大學雜誌》中高舉改革旗幟的本省籍知識分子張俊宏，將這些受惠於完善的教育體系和經濟發展的中產階級稱為「中智階級」（意為受中產階級教育的一群人）。當時張俊宏並未特別強調「中智階級」與族群的關聯，但由於絕大多數外省人在來臺初期的職業，即是屬於中產階級的「軍公教人員」，我們可以合理推測張俊宏所稱的新興「中智階級」，主要指的是一九六〇年代出口導向工業化進程中急速壯大的本省籍中小企業家。

此外，教育的擴充也意味著「國語」的進一步同化。配合這一點，我們可以說張俊宏於一九七〇年代初期所感受到的「中智階級」的興起，可以視為「講國語且受過高等教育的本省人」（Mandarin-speaking educated Taiwanese）的崛起。他們可以說是體現了臺灣經濟發展成果與國民黨政府「中國化」政策成果的一群人。

當我們把目光放在這些「講國語且受過高等教育的本省人」身上，就會發現蔣經國的改革政策顯然做得並不徹底。國會的定期部分改選，明顯仍是一種無法實現政權輪替的威權主義式選舉；政府官員的「本土化」，也僅是以維持穩定為目標的極度牛步策略。在蔣經國的時代，內閣中的外交、法務、財政等更接近權力核心的職位並未交棒給本省人，國民黨中央常務委員會的本省籍菁英也從未達到半數以上。更重要的一點，在戒嚴令與特務機構的監控下，政府依然持續打壓言論與結社自由。

正因如此，一九七〇年代的這些「講國語且受過高等教育的本省人」之中，才會出現一群想要透過制度改革，獲得政治自由、人權保障與擴張參政權（簡言之就是追求民主化）的「政治企業家」。礙於戒嚴令的關係，這些人無法組織自己的政黨，卻又不屬於國民黨，所以被稱作「黨外人士」。隨著時間推移，「黨外人士」成為一個政治勢力的專有名詞，不再指特定的「人士」。到了一九七〇年代末期，這個勢力已正式登上政治舞臺，挑戰國民黨的獨裁政權，試圖提出另一種政治選擇。

「臺灣人要出頭天」，是一九八〇年代民主化運動的集會和遊行中經常有人喊出的口號。這句用「臺語」（福佬語）喊出的口號，說明了蔣經國政府在人事上謹慎推動的「本土化」政策，並沒有辦法滿足臺灣的本省籍族群。而臺灣的民主化運動，主要的訴求對象正是這群人。換句話說，推動民主運動的社會主體，早在一九七〇年代便已經現身於臺灣的社會上。

「民主假期」的「自由縫隙」

一九七〇年代，臺灣的知識分子將選舉稱作「民主假期」。「增額選舉」開啟了國政層級的政治競爭，提升了選舉作為一個政治活動的重要性，也提高了包含地方選舉在內整個臺灣的選舉熱度。

「增額選舉」開始之後，許多平日獨來獨往的本土人士（黨外人士）紛紛現身參與。一九六九年的「缺額補選」，黃信介在臺北市當選立法委員；一九七二年首次的「增額選舉」，康寧祥、黃順興等人當選立法委員，黃天福（黃信介之弟）、張春男等人則當選國民大會代表。數年後，離開《大學雜誌》的張俊宏、許信良等人也輾轉加入他們的行列。曾提出「中智階級」論述的張俊宏本人，自身正是典型的「講國語且受過高等教育的本省人」，更是一個「政治企業家」。

張俊宏在一九七三年獲康寧祥支持參選臺北市議員，結果落選。一九七五年，他與康寧祥、黃信介等人共同創辦《臺灣政論》雜誌。該雜誌發行至第五期，在該年年底即遭禁刊。過去曾因批評蔣介石遭到打壓的《自由中國》，是僅由外省籍自由主義知識分子所經營的刊物。而前述的《大學雜誌》，則是由外省人與新興本省籍知識分子共同經營。相較之下，《臺灣政論》卻是自一九四九年之後第一本完全由本省籍知識分子主導的政論雜誌，更是一九八〇年代前期擺脫言論控制的「黨外雜誌」先驅。

到了一九七七年的地方選舉，黨外人士已擁有能夠稱之為「一大政治勢力」的規模。

在臺灣省下轄的二十個縣市長中，黨外人士當選了兩名縣長、兩名市長；省議會七十七名議員中當選二十一名；臺北市議會五十一名議員中當選八名，這些都是前所未有的驚人數字。其原因之一，是當時國民黨中央推動「本土化」政策，提拔了許多本省籍的「青年才俊」代表國民黨參選，試圖減少地方選舉中對「地方派系」的依賴。此舉引起原先透過「二重的恩惠與庇護關係」享有地方政治利益的「地方派系」反彈，故意不為國民黨籍候選人助選造勢。拉攏「地方派系」與培植「青年才俊」是黨國體制菁英眼中缺一不可的統治策略，沒想到兩者產生了利益衝突。

中壢事件

一九七〇年代臺灣選舉的「熱度」，讓黨外人士及其支持者更加重視於監督選票的開票作業（「監票」），避免有人以不正當手法操縱投票結果（「作票」），同時也強化了發生舞弊時的抗議力道。當選前氣勢很旺的黨外候選人意外落選時，支持者便會強烈懷疑選務單位有「作票」嫌疑，使選區氣氛變得劍拔弩張。這種開票時的緊張氛圍，終於在上述的一九七七年地方選舉中引發了暴動，此即後人所稱的「中壢事件」。

這一年的選舉，全國都把焦點放在許信良所參選的桃園縣長選舉上。許信良在一九七三年省議員選舉以國民黨籍當選後，在省議會嚴厲批判政府的施政，因而未獲黨中央提名為桃園縣長候選人。他違反黨紀登記參選，國民黨為了維護中央威信，將許信良開除黨籍，另推候選人全力支持。許信良對國民黨的嚴厲批判，獲得了大量年輕人及學生的支持，而且他採用了仿效美國的新宣傳手法，營造出前所未有的選舉「熱度」。

十一月十九日投票當天，許信良陣營自然組織了「監票」團隊，全力監視投票過程。就在這緊張氣氛下，設置在桃園縣中壢市某小學內的投票所發生了一起事件。該校校長（此人亦為投票所管理者）假借協助的名義，企圖將兩名老人欲投票給許信良的選票弄髒，使其成為無效票。此舉遭民眾發現並追究責任，校長隨即在警察的保護下逃入鄰近的警察局。超過一萬名群眾聚集包圍警察局，持續進行激烈抗議。雖然許信良陣營一再呼籲「應透過法律途徑解決」，但無法平息眾怒。最終群眾焚燒了警察局，政府派出軍隊至附近主要道路待命，但未下令鎮壓，不久後騷動自然平息，而許信良也順利當選。

黨外人士與支持的街頭群眾若攜手合作，有機會逼迫政府接納己方的訴求——此次事件對「黨外人士」來說，不啻是重大的啟發。

中美建交與《臺灣關係法》

一九七八年十二月十五日，中美兩國政府宣布將於隔年（一九七九年）元旦正式建交。這場終於到來的第二次外交危機，對國民黨政府造成嚴重衝擊。與一九七〇年代初期最大的不同，便是此時的臺灣內部存在著規模不小的政治敵對勢力。

中美建交之後，美國與臺灣的「中華民國」斷交，並宣布於一九七九年底結束明文保障臺灣安全的《中美共同防禦條約》。但取而代之的是美國國會於同年四月制定了《臺灣關係法》。

《臺灣關係法》除了規定斷交後維繫美臺關係的相關機構及人員的地位與權限外，同時也以立法的方式明文確立了美國的臺灣政策。美國雖然取消了條約上對於防衛臺灣的義務，但以國內法的形式在維持中美外交關係的前提下，給予臺灣最大限度的待遇與保護。該法第二條（乙）規定：美國與北京建交，是基於期望臺灣的未來將以和平方式解決；若試圖以非和平手段決定臺灣的未來，將視為對西太平洋地區的威脅；美國將提供臺灣防衛性武器；美國將保持抵禦會危及臺灣人民安全或經濟制度的任何訴諸武力的行為或其他強制行為的能力。

此外，《臺灣關係法》第二條（丙）中也明定：「本法中任何條款都不應違背美國對人權的關心，特別是對約一千八百萬全體臺灣居民人權的關心。在此重申，維護並促進全體臺灣人民的人權是美國的目標。」

由於《臺灣關係法》是美國國內法，美國國會有權修改或廢止。美國公民以及獲美國法律承認的個人或團體，可透過媒體或遊說活動，依據美國的法律與慣例，對國會造成影響，監督《臺灣關係法》的執行，進而對國民黨政府間接施加壓力。另一方面，國府若想維持其相對於中國的獨立地位，即使在斷交之後仍必須持續依賴美國。國民黨非但不能違逆美國，還必須積極向美國朝野展現自身相對於中國大陸的「自由」與「開明」形象。

在這種情勢下，住在美國的反國民黨派本省人逐漸把更多的心力投入於對美國國會的遊說活動。臺灣的人權問題獲得美國國會的關注，成為臺灣內部「黨外」勢力的一種有效自保手段。「黨外」勢力在得知這個方法確實有效之後，對體制的挑戰也變得更加激烈了。

中國的新臺灣政策與蔣經國的「三不政策」

一九七〇年代末期，毛澤東去世、「四人幫」垮臺之後，鄧小平重新掌權。他打著推動現代化路線的口號，嘗試大幅變更國政方針，這便是所謂的「改革開放」（經濟改革、對外開放）路線。在這個時期，中國對臺灣的政策也有所改變。

中美宣布建交（一九七八年十二月十六日）的翌日，中國軍方停止了自一九五八年第二次臺海危機以來每隔一日對金門、馬祖的砲擊。隨後在一九七九年元旦（中美建交當日），中國全國人民代表大會常務委員會發表了《告台灣同胞書》，文章中呼籲兩岸應促進相互理解，並提出「三通（通郵、通航、通商）、四流（學術、文化、體育、工藝的交流）」的主張。

到了一九八一年（適逢辛亥革命七十周年）中國國慶節前夕（九月三十日），時任全國人民代表大會常務委員會委員長的葉劍英發表了有關臺灣和平統一的所謂「九條方案政策（葉九條）」。其主要內容包括：①為實現祖國統一，國共兩黨應以對等立場進行談判（第三次國共合作）；②簽署協議落實「三通四流」；③統一後臺灣作為特別行政區，享有自治權，可保有軍隊，中央政府不干涉臺灣的地方事務；④臺灣現有社會經濟制度、生活方式、對外經濟、文化關係不變，私有財產權、繼承權及外國投資利益均受到保障。其中第③、④項即基於「一國兩制」的統一構想。為了因應這個部分，隔年（一九八二年）中國修訂的憲法第三十一條中亦增加規定「國家在必要時得設立特別行政區」，同時憲法序言刪除了「解放臺灣」一語。簡言之，中國對內外政策進行大幅調整的同時，對臺灣政策亦作出重大轉變，展開了所謂「（祖國）和平統一」攻勢。

面對中國的新政策，國民黨政府則採取了「不妥協、不接觸、不談判」的所謂「三不政策」。然而在「民間」層級，「不接觸」的方針很快便形同虛設。兩岸經貿活動穩定擴大（以經由香港的間接貿易為主），在中國大陸仍有親屬的外省籍臺灣居民赴大陸探親者日益增加。加上臺灣內投資環境惡化，臺灣企業透過第三國或地區間接投資大陸的規模也悄然成長。

國民黨政府不得不順從局勢，只在官方層級維持「三不政策」。一九八四年，政府針對民間的國際活動，宣導民眾與「中共人員」接觸時應採取「不迴避、不讓步」的原則；一九八五年，政府更正式認可經香港等地間接對中國大陸的貿易輸出。在逐漸增強的民間壓力驅策下，蔣經國於一九八七年十一月終於正式允許臺灣居民返鄉探親，這實質上意味著赴中國大陸旅行的解禁。從此，臺灣與中國的關係在人民的往來交流上發生了重大變化。

美麗島事件

兩岸關係的變化，也對臺灣內部政治造成巨大影響。北京提出「第三次國共合作」等新的政治攻勢，使得原本與中華人民共和國關係薄弱，且自二二八事件以來與「中華民國」政府之間一直存在嫌隙的臺灣社會，更加擔憂自身的命運會不會遭國共兩黨私下決定。

更重要的是，這樣的擔憂會進一步突顯長期戒嚴令與「萬年國會」的不合理性，因為這些制度阻礙了臺灣人民表達與建立真正屬於自己的政治意志。在這樣的社會氛圍下，普遍性的民主化要求（自由、人權及政治制度改革）逐漸與「臺灣的命運應由臺灣居民自己決定」的「住民自決」口號合而為一。

臺灣的「中華民國」被實質逐出聯合國不久後的一九七一年十二月，臺灣基督長老教會率先發表聲明，反對國共兩黨在無視臺灣居民意願的情況下進行談判「出賣臺灣」，並提出「人民自有權利決定他們自己的命運」。一九七八年十二月，美臺斷交後，「黨外人士」共同發表的《國是聲明》中，除了要求全面改選中央民意代表、解除戒嚴令、實現軍隊國家化等民主化議題之外，也明確提出「堅決主張臺灣的命運應由一千七百萬人民來決定」。

自一九七七年發生中壢事件以後，「黨外人士」逐漸意識到，下一步就是成立某種形式的政治組織。一九七八年十二月的「增額選舉」因為美臺斷交所引發的衝擊，蔣經國總統害怕發生不可預測的事態而下達「緊急命令」取消選舉，「黨外人士」看準不久之後應該會恢復選舉，開始嘗試建立實質上等同政黨的政治團體。

一九七九年八月，「黨外」勢力成立了美麗島雜誌社，以黃信介為發行人，許信良為社長，創辦月刊型政論雜誌《美麗島》。《美麗島》雜誌發行後銷量驚人，創刊號再版多次，據稱發行量超過十萬冊，創下臺灣雜誌銷售的空前紀錄。美麗島雜誌社隨後陸續在全臺灣十一個地方設立據點，以「服務處」之名推廣雜誌及提供讀者服務，並且每設立一處即舉行群眾集會，例如「成立茶話會」或「讀者之夜」等活動。

美麗島雜誌社內設有「社務委員」、「編輯委員」、「美麗島基金管理委員」等職務，吸納了帶有社會主義傾向的《夏潮》團體，以及另辦雜誌《八十年代》的康寧祥等溫和派勢力。但活動主導權逐漸落入以強調「自決」為訴求的施明德與張俊宏等當時的激進派手中。

施明德後來在美麗島事件的法庭上指出，他們的活動目的在於「形成沒有黨名的政黨，主張實行國會全面改選與地方首長改選」。當這些人開始明目張膽地挑戰「黨禁」之後，便不斷遭遇反對他們的反共團體挑釁與騷擾，導致《美麗島》方面也不得不考慮採取自衛措施，雙方的緊張氣氛日漸升高。

最後，「黨外」勢力與國民黨政府終於發生正面衝突。十二月十日，「美麗島」團體計畫於國際人權日在高雄市舉行集會，由施明德南下負責準備。雖然集會事前申請遭到駁回，但過去經驗多是在最後一刻獲准，因此集會與遊行仍照常舉行。沒想到在高雄市內街頭，警察部隊封鎖了遊行隊伍，手持火把的示威群眾與警方發生了激烈衝突。

次日起，政府透過媒體與學校教育系統，大力抨擊美麗島團體為「臺獨、暴力、叛國三位一體」的組織，數日後即在全臺灣大規模逮捕黨外人士。最終將黃信介、施明德、張俊宏、林義雄、姚嘉文等八人以叛亂罪送上軍事法庭（戒嚴令實施期間，一般平民亦可由軍事法庭審理），作家王拓、楊青矗等三十二人則交由一般司法法庭審理。軍事法庭上，八名被告全部以叛亂罪等罪名被判有罪，施明德判處無期徒刑，其餘判處十二年至十四年有期徒刑。一般司法法庭的部分雖然刑度較輕，但同樣幾乎全數有罪。此外，臺灣基督長老教會總幹事高俊明等十名教會人士也因曾協助一度逃亡的施明德而遭逮捕，並被判有罪。這便是美麗島事件。

這樣的強行打壓從長遠來看是失敗的做法。首先，國民黨當局無法再片面控制有關美麗島團體的消息。在國民黨難以管控的海外地區，出現了強烈的反彈聲浪。如前文所述，《臺灣關係法》第二條（丙）所約定的「透過美國國會監督臺灣人權狀況」的機制，因這次事件而明顯啟動了。美國國務院發表了對事態深表憂慮的評論，斷交後美方取代大使館在臺灣設立的美國在臺協會，也派員與遭逮捕者的家屬見面。民主黨籍的參議員愛德華·

甘迺迪發表強硬言論，要求進行「公正的審判」。國際特赦組織等國際人權團體與旅美本省籍臺灣人團體當然也為此積極活動。

在國際間具有一定知名度的作家王拓、楊青矗等人，最初雖被送交軍事法庭，但因來自海外的壓力，最後改由一般司法法庭審理。軍事法庭的審判過程，也對外國媒體和人權團體完全公開，法庭的問答甚至刊載在國民黨中央機關報《中央日報》上。軍事法庭上的八名被告，在得知其發言不會遭掩蓋後，旋即主張檢察官提出的自白是經過連續數十小時不眠不休的逼供而取得，並強調自己的動機立場是出自對民主理念和對鄉土的熱愛，以及對臺灣所處國際困境的憂慮。

不久之後，更發生了疑似政治警察涉入的恐怖攻擊事件。一九八〇年二月二十八日，遭送交軍事法庭審理的被告之一，省議員林義雄的住家遭到歹徒闖入。八十歲的老母親及三名女兒慘遭屠戮，老母親和兩名女兒死亡，一名女兒重傷。重大政治犯的住處，肯定隨時受特務機關監視，這在當時的時空背景下，幾乎是無庸置疑的事情。

凶手卻能在光天化日之下進入林家行凶，之後逃逸無蹤。雖然民眾普遍不認為蔣經國或政府高層會下令做這種事，但大多數民眾還是難免懷疑凶手是特務機關基層人員，或其周邊的檯面下人物。這起發生在美麗島事件審判前夕的恐怖攻擊，對當時的社會心理產生重大影響。因為恐怖攻擊的對象並非挑戰體制者本人，而是其年邁母親與孩子，當民眾懷疑恐怖攻擊的幕後黑手與政府機關有著密切關聯時，民眾自然也會質疑審判被告的體制本身的正義性。

社會輿論對這些事件的反應很快便明朗化。一九八〇年十二月恢復舉行的「增額選舉」中，儘管政府當局依然維持著高壓態度，戒嚴執行機關臺灣警備總司令部發布公告禁止競選活動提及美麗島事件，但黨外勢力在此次選舉中，共有立法委員九名、國民大會代表十一名勝選。在臺北市，姚嘉文的妻子周清玉以最高票當選國民大會代表，黃信介的弟弟黃天福當選立法委員；臺中市方面，張俊宏的妻子許榮淑當選立法委員；宜蘭地區則有黃煌雄勇於挑戰警總禁令，公開主張美麗島事件被告應獲釋放及要求查明林義雄家族遭殺害的案子，也成功當選。隔年舉行的地方選舉中，陳水扁（後任臺北市長，並於二〇〇〇年當選總統）、謝長廷（二〇〇〇年起任民進黨主席）等美麗島事件軍事法庭中的辯護律師，也陸續當選為臺北市議會議員。儘管主要領袖遭監禁，「黨外」勢力仍迅速恢復氣勢。

美麗島事件在臺灣政治史上意義重大。雖然當時黨外勢力的主導權掌握在激進派手中，但整個黨外勢力並未真正團結於「住民自決」口號背後的臺灣國族主義理念之下。整體而言，他們只是追求在「中華民國」體制內的「民主化」，以及在此前提下的政治地位。

換句話說，他們只是一群希望獲得政府承認的「忠誠的反對派」。然而國民黨卻強行打壓這個「忠誠的反對派」，結果反而刺激「黨外人士」更加激進化。說得更明白一點，國民黨政府將一群整體而言不一定要追求「臺獨」的反對派當成「臺獨分子」打壓，結果反而讓這些人不斷朝著「臺獨」的方向邁進。

另一方面，軍事法庭的公開審判，證明了美國對臺灣的壓力確實有效，這一點也具有非常重大的意義。簡單來說，這彰顯了《臺灣關係法》中監督臺灣人權發展機制的有效性。除非國民黨政府願意響應中國的「祖國和平統一」政策而實質放棄主權，否則的話，只要國府希望繼續保持實質上的獨立，國府就必須繼續依賴美國對臺灣的防衛承諾。就算再怎麼不情願，也必須遵守這個監督人權發展機制。說得更明白一點，國府不得不調整政策，朝著《臺灣關係法》所要求的「民主化」方向前進。

民進黨的成立與長期戒嚴令的解除

黨外勢力在蒙受美麗島事件的打擊後重新崛起，雖然在一九八三年的立法委員「增額選舉」中遭遇小挫折，因康寧祥等穩健派領袖落選而減少了席次，但取而代之的是一群更加激進的年輕「新生代」躍上舞臺，持續挑戰體制。

這些「新生代」活動人士往往打著知名黨外民代的招牌出版雜誌，利用民代身分所提供的一定程度保護作用，勇敢挑戰言論禁忌。前文已提到《美麗島》創刊號銷售十萬冊，由此我們知道反對派的言論已具備一定市場，這些「黨外雜誌」的商業條件已然成熟。據研究統計，一九八〇年代初期相繼創刊的黨外雜誌多達五十四種（王甫昌〈台灣反對運動的共識動員〉）。面對此一情形，當局已難以透過逮捕或監禁之類的直接打壓方式來封住這些人的口。

在此局勢之下，雖然戒嚴尚未解除，但言論自由的空間一步步地擴大。即使是在選舉時期之外的非「民主假期」時期，反對勢力也開始能夠傳達其訴求給社會大眾。黨外勢力藉此逐漸獲得了理念意識形態上的凝聚力，以及設定政治議題的能力。

一九八二年九月二十八日，全臺灣黨外人士聚集在臺北市中山堂，決議包括「臺灣前途由住民自決」在內的六項「共同政見」。雖然這些主張早在一九七八年底即已有人提出，但經由這次全島黨外人士集會決議，並作為選舉共同政見後，成為黨外勢力有別於國民黨的重要政治標誌。隨後，這些政見在一九八三年立法委員選舉、一九八五年地方選舉時，皆成為「黨外中央後援會」的首要共同政見，並在一九八六年民進黨成立時，被納入黨綱之中。「住民自決」主張從邏輯上而言，結果仍保持開放性（例如透過公民投票也可能選擇「統一」），但對黨外的激進派來說，這是追求讓臺灣成為主權獨立國家的「臺灣國族主義」，即使在戒嚴體制下，也能明確表達立場而勉強不受到打壓的底線綱領。黨外的民主化運動，也隨著穩健派領袖的式微，而逐漸以帶有國族主義內涵的「住民自決」口號整合在一起。

在這個時期，黨外雜誌也開始公開討論成立政黨的可能性與具體做法。一九八二年在中山堂召開的集會，當局早已事先威脅「若在會場上成立政黨將依法制裁」。自此之後，黨外勢力再度加大了推動組織化的力道。

一九八三年九月，經營黨外雜誌的「新生代」活動人士，成立了「黨外編輯作家聯誼會」（黨外編聯會）。同年選舉之後，黨外民代們又成立了「黨外公共政策研究會」（黨外公政會）。政府雖未正式承認，但在一九八五年秋季的地方選舉中，公政會與編聯會合作組織「一九八五年選舉中央後援會」，共同推舉候選人參與選舉活動。結果臺北市由「後援會」推舉的候選人全數當選，挽回了一九八三年選舉時的挫敗。黨外勢力因此信心大增，醞釀進一步在地方上成立公政會分會。此舉實質上如同宣告黨外勢力正在準備組成政黨。

對國民黨而言，一九八五年是最糟糕的一年。不斷爆出的政治醜聞，嚴重損害了政府的內外形象；經濟景氣持續低迷，經濟成長放緩；民間與中國大陸的貿易持續增長，如前文所述，政府被迫正式承認兩岸間接貿易。到了一九八六年初，黨外勢力實質上宣告開始籌備成立政黨，而南方鄰國菲律賓的獨裁者馬可仕在總統大選中落敗後，遭美國雷根政府棄如弁髦。一切跡象都顯示，國民黨必須在「歷史性妥協」與「以武力強行鎮壓反對勢力」之間做出抉擇。但與美麗島事件時期不同的是，此時黨外主流菁英已經明確團結在臺灣國族主義的理念下。一旦允許成立在野政黨並解除戒嚴，長期遭黨國體制全力打壓的歷史矛盾，勢必如洪流般向外噴發。選擇妥協，等同於打開了戰後「中華民國」這個充滿矛盾的「潘朵拉之盒」。即使沒有打開，至少算是將鑰匙插入了盒蓋之中。

一九八六年三月，國民黨睽違兩年半再度召開中央委員會全體會議，決議用詞極為隱晦，但暗示將進行「政治革新」。五月，國民黨透過四名深受黨外人士信任的自由派學者進行協調，與黨外人士討論公政會地方分會的設立問題，但沒有談出任何結果。黨外勢力認定蔣經國終將決定自由化，因此強行設置公政會的地方分會。

根據後來公開的紀錄，一九八六年七月初，公政會與編聯會內部即各自成立了籌組政黨的小組，不久後兩個小組合併，準備在同年十二月的「增額選舉」前正式組黨。

同一時期，黨外勢力更在街頭上演了挑戰戒嚴令的大膽行動。六月，當時為黨外雜誌經營者之一的臺北市議員陳水扁，因言論誹謗案敗訴定讞入獄，黨外勢力公開舉行熱烈的「坐監惜別會」。九月初，臺北市議員林正杰同樣因案定讞入獄，黨外勢力再度以「送別」之名，在臺北等主要城市展開一連串盛大示威活動。這種以歡呼方式送因挑戰體制而遭判刑者入監服刑的景象，在一九八〇年代初期之前絕對是難以想像的事情。自從一九七七年中壢事件之後，黨外人士與街頭民眾共同挑戰戒嚴令的行動，終於讓禁令形同虛設。

就在這股全島街頭示威成功的餘熱仍未消散之際，一九八六年九月二十八日（星期日），黨外勢力聚集在臺北市圓山飯店，為了因應年底即將到來的選舉而召開黨外選舉後援會候選人推薦大會，與會成員在會場上突然宣布正式成立民主進步黨（the Democratic Progressive Party，DPP）。

隔日，蔣經國召集黨政幹部，指示雖然黨外勢力成立民進黨屬違法行為，但決定不予處置。根據多年後公開的郝柏村（一九一九—二〇二〇年，時任參謀總長）的日記，當時蔣經國指示盡快完成「政治革新小組」的成立方案，並提到雖然有人主張採取強硬做法，但當時局勢已難以再使用武力（《郝總長日記中的經國先生晚年》）。

十月七日，蔣經國在與《華盛頓郵報》發行人葛蘭姆（Katharine Graham）女士對談時，明確說出了解除「黨禁」的方針。他表示，任何新成立的政黨，都必須遵守三個條件：①遵守《中華民國憲法》，②支持反共國策，③與「臺灣獨立」派劃清界線（蔣經國三條件）。十月十五日，國民黨召開中常會，通過了「政治革新小組」提出的建議，包括①制定新的《國家安全法》，解除戒嚴令；②修改現行的《非常時期人民團體組織法》與《動員戡亂時期公職人員選舉罷免法》，允許民眾成立新政黨。

另一方面，早在九月底就已宣告成立民進黨的黨外人士，隨即在各地舉行集會說明建黨宗旨，並從公政會、編聯會等黨外相關團體中徵集約一千兩百人，認定為「建黨黨員」，由這些黨員投票選出黨員代表。一九八六年十一月十日，在臺北市環亞大飯店內舉行第一屆黨員代表大會，通過主張「臺灣前途由住民自決」的黨綱和黨章，並選出中央執行委員三十一名。

同年十二月舉行的「增額選舉」，成為臺灣史上首次的實質多黨選舉。民進黨在得票數及當選人數上均超越前次選舉，成績還算不錯。隔年（一九八七年）年初，民進黨更派遣主要成員組成代表團前往美國與日本，積極與各界接觸，在一定程度上成功獲得國際社會對這個臺灣新在野黨的認知。臺灣戰後首度出現的在野黨，就此在臺灣的政治舞臺上站穩了腳步。

國民黨在立法院擋下了民進黨的激烈抗爭，勉強通過了包含前述「蔣經國三條件」的《國家安全法》，而蔣經國也於一九八七年七月十五日午夜零時正式宣布解除長達三十八年的戒嚴令。一九八八年元旦，更進一步解除長年實施的「報禁」（禁止發行新報紙），實現了印刷媒體的自由化。蔣介石在一九五〇年代透過黨的「改造」而建立的黨國體制，正式轉型為民主體制。

確立了政治自由化的方針後，臺灣社會為之沸騰，臺北市街上連日萬頭鑽動。除了進一步要求「主張臺灣獨立的言論自由」與「萬年國會」全面改選的民進黨示威者之外，還有抗議環境破壞的受害社區居民、要求制定《大學法》的學生、要求改革黃色工會（資方工會）的勞工，不久之後甚至還有抗議農畜產品進口自由化的農民，這些抗議群眾都紛紛湧上中央政府機關聚集的臺北市街頭。

戒嚴令解除後的一九八七年十一月，蔣經國進一步決定開放臺灣居民赴中國大陸探親。臺灣也因為蔣經國的這些決定，邁入了新的時代。然而在作出這些重大決定的同時，這位獨裁者的生命已即將走到盡頭。

第六章

李登輝的登場與「憲政改革」

從蔣經國到李登輝

一九八八年一月十三日（星期三）下午，做出了政治自由化及開放臺灣居民赴大陸探親等重大決策的蔣經國去世。依照《中華民國憲法》的規定，總統於任內去世時由副總統繼任剩餘任期，於是副總統李登輝在同一天接下了總統職務。

從蔣經國到李登輝。一位是現代中國重要政治家族的後代，抗日時期能向全中國發號施令且與世界列強領袖平起平坐的獨裁者蔣介石之長子；另一位則是在日本殖民統治下長大的菁英（戰前自舊制臺北高等學校畢業後進入京都帝國大學就讀，戰後再從臺灣大學畢業，並前往康乃爾大學取得博士學位）。後者原本僅是一名農業經濟技術官員，不管戰前與戰後皆從未踏上中國大陸，而且還經歷過可怕的二二八事件。

不管是出身背景、個性或取得權力的方式都南轅北轍的兩個政治人物，以這樣的先後順序完成領袖大權的交接工作。放眼現代臺灣政治史，再也找不到比這件事更具有象徵意義的歷史事件了。蔣經國小心翼翼開啟的潘朵拉之盒，到了李登輝手中卻被更加大膽地持續翻開。在李登輝執政的十二年間（一九八八—二〇〇〇年），臺灣的「中華民國」發生了重大變革，而這種轉變也衝擊了臺灣的多重族群社會，甚至在完成民主化的今天，其掀起的矛盾仍持續困擾著臺灣社會。

李登輝的登場

眾所皆知，李登輝身為領導者，登上政治舞臺的方式與蔣經國完全不同。我們甚至可以說，李登輝是赤手空拳地踏進了總統府。

儘管如此，他卻掌握了「民意」。隨著身高一百八十公分的李登輝（司馬遼太郎曾形容他的相貌就像是「剛從山裡伐下來的原木粗略雕出五官」）以總統之姿頻繁出現在電視及報章媒體上，「第一個成為總統的臺灣人」的感慨深深烙印在所有民眾的心中。他高大健壯的體格所散發出的豪氣，以及辯才無礙卻帶著本省人口音的「臺灣國語」，儘管被包裝在國民黨傳統政治辭令和儀式化舉措之中，仍難掩其自然流露的「臺灣人特質」。正是這臺灣人特質，吸引了廣大的本省人族群。不過在這個時期，外省籍菁英尚未將擁有此特質的李登輝視為威脅。此時的他們還不知道，就在數年之後，「反李登輝」將成為外省人進行族群動員的象徵性立場。

當然僅憑上述條件，尚不足以讓李登輝發揮領袖長才。他還需要作為支柱的政治地位、時間與政治空間。

此處的政治地位，指的是「總統兼任國民黨主席」的雙重權限。總統雖為國家元首及三軍統帥，但憲法中的總統權限並不算大。舉例來說，總統任命行政院長須經立法院同意，總統發布命令也必須獲得行政院長副署。相較之下，黨主席的權限可就大得多。在一九五〇年代初期的國民黨「改造」時期，為了「鞏固（蔣介石的）領導中心」，黨總裁（蔣經國時代起改稱黨主席）被賦予了中央執行委員會決議的最終決定權，甚至連全國黨員代表大會的決議都有權駁回，可說是享有絕對的權力。而且在「黨國體制」之下，國民黨對政府機關的控制力量遠勝於一般民主國家的執政黨。因此想要以總統身分牢牢掌控政府，擔任國民黨主席是不可或缺的條件。這一點即使在一九八六至一九八七年民主化起步時期也是如此。當年的蔣經國是以蔣介石為後盾，在黨國體制內的各部門逐步累積威信，因此總統兼黨主席的雙重權限只是其掌握大權後的必然結果。相較之下，李登輝只是個沒有政治基礎的技術官員，完全仰賴蔣經國的提拔才能進入權力中樞，因此總統兼黨主席的大權成了他非獲得不可的前提條件。

李登輝雖在蔣經國去世當晚即繼任總統，但就任黨主席卻晚了好一陣子，原因是蔣介石遺孀宋美齡在背後阻撓。在這個時期，宋美齡仍對黨內元老們具有相當程度的影響力。到了兩個星期後的一月二十七日，李登輝才在國民黨中央常務委員會被推選為「代理黨主席」。到了七月的國民黨第十三次全國代表大會，才去除「代理」二字，李登輝正式就任黨主席。

若只看後來的局勢，大多數人恐怕很難想像，當時蔣經國所提拔的本省籍菁英李登輝，在外省籍菁英們眼中只是一張「安全牌」。蔣經國時代晚期黨國體制內的外省籍實力派人物如黨中央委員會祕書長李煥、行政院長俞國華（一九一四－二〇〇〇年）、參謀總長郝柏村等人，先選擇了李登輝這個「受本省人歡迎的安全牌」擔任黨主席，接著才展開彼此之間真正的權力抗爭。

李登輝成為總統後的第一個舞臺，是在他正式成為黨主席的國民黨第十三次全國代表大會上。掌握黨務系統的李煥，以最高票當選中央委員；相較之下，俞國華身為行政院長，照理來說應該是政權第二把交椅，得票序卻落至第三十五名，可說是顏面盡失。威信受挫的俞國華被迫於隔年（一九八九年）五月提出辭呈，李登輝任命李煥接任行政院長，而其空出的國民黨中央委員會祕書長一職，則由副祕書長宋楚瑜升任。宋楚瑜在一九八八年一月二十七日的國民黨中央常務委員會上，率先發言力挺李登輝就任代理黨主席而引起世人關注，李登輝也因此看出宋楚瑜這個精通國民黨高層「宮廷政治」的外省籍幕僚的能力。沒想到宋楚瑜後來與李登輝之間演變成激烈對立的關係，不過那是後來的事了，此處暫且不提。

李登輝雖然坐上了總統兼黨主席的大位，一開始仍相當低調。他並沒有立即處理涉及內部權力分配的內政問題，而是在外交領域上展現個人色彩。一九八八年七月，國民黨第十三次全國代表大會結束後，內閣進行改組，由連戰任外交部長、郭婉容任財政部長，這是本省籍人士首度擔任重要閣員職務。

在當時臺灣的外交系統中，素有「外交教父」之稱的前外交部長（時任總統府祕書長）沈昌煥（一九一三－一九九八年）仍具一定程度影響力。沈昌煥是個抱持頑固反共意識的人物，堅持「漢賊不兩立」原則。在擔任外交部長期間，每當有國家與北京建交，沈昌煥就會立刻下令與該國斷交並加以譴責，因此遭黨外勢力諷刺為「斷交部長」。如今與李登輝關係良好的連戰出任外交部長，等於是否定了沈昌煥路線。一九八八年秋天，外交部開始準備與蘇聯及東歐國家進行接觸，以及李登輝訪問新加坡的計畫。沈昌煥反對此一政策而遭撤職，接任總統府祕書長的是過去擔任法務部長的法律學者李元簇（一九二三—二〇一七年）。

「外交教父」的下臺，也象徵著政府將啟動新的外交政策。一九八九年三月初，李登輝依照計畫訪問新加坡。儘管訪問期間新加坡政府因印尼政府決定承認中共政權，而公開宣布將與北京建交，李登輝返臺後仍在記者會上強調總統出訪對彰顯臺灣的「中華民國」極其重要。他還表示，新加坡方面稱呼他為「來自臺灣的李登輝總統」，這個稱呼「雖不滿意但可以接受」。這番言論清楚展現李登輝開始推行的是具彈性且務實的外交姿態。不過所謂的彈性與務實，是相對於過去的「漢賊不兩立」而言。其外交路線的本質，更傾向於非常積極地想要向國際社會展現民主化中的臺灣。因此李登輝的新外交政策，總是單方面地引發兩岸之間的緊張關係。

同年五月初，李登輝派遣由財政部長郭婉容率領的代表團，參加在北京舉行的亞洲開發銀行理事會年會。開幕式上響起了中華人民共和國國歌，國家主席楊尚昆走進會場，臺灣的代表團竟起立致敬。此時的臺灣尚未廢除《動員戡亂時期臨時條款》，中華人民共和國對臺灣的「中華民國」而言，仍屬於「叛亂勢力」。代表團的舉動，卻顯然已不將中華人民共和國與「叛亂勢力」劃上等號。

到了六月三日（中國天安門事件前一天），李登輝在國民黨第十三屆二中全會的開幕致詞中，表明中華民國外交的最終目標是維護國家主權完整，必須勇於面對未能實質統治大陸的現實，應當以務實策略努力達成目標。他在宣揚這種「務實外交」理念的同時，還提及了《動員戡亂時期臨時條款》。當天李登輝雖未明言將廢止《臨時條款》，但已明確指出有全面檢討的必要。李登輝以外交為起點，將兩岸政策的根本問題（兩岸關係的定位）與「中華民國」的憲政體制問題（如何處理動員戡亂體制）緊密連結起來，將原本是憲法層次的改革問題（即「憲政改革」問題），神不知鬼不覺地送入了黨內政治議程之中。

李登輝開始積極行動之後，政局也隨之掀起陣陣波瀾。一九八九年春，立法院新會期剛開始，一群立委即組成了「集思會」，主要成員都是支持李登輝的本省籍國民黨增額立委。同年八月，一群外省籍年輕立委也跟著組成了「新國民黨連線」，彷彿要與「集思會」互別苗頭。其背後的動機，是蔣經國晚年推動政治自由化、民進黨的快速崛起，以及李登輝擔任總統兼黨主席所象徵的本省籍勢力擴張，使得外省籍年輕立委們產生了「必須全力保護原本屬於自己的前途」的危機感，即所謂「外省第二代的危機意識」。在國民黨之外，民進黨及其支持者已開始公然高喊「臺灣獨立」。

「二月政爭」與「三月學運」

在此政治情勢下，一九八九年年底同時舉行了立法委員（任期三年）增額選舉與地方公職（任期四年）選舉（十二月二日投票）。由於任期分別為三年及四年，兩種選舉在同一年舉行的情況，每十二年只會發生一次。在這次選舉中，國民黨的總得票率首度跌破六成，臺灣省轄縣市長選舉也輸了七個縣市（總數二十一縣市）。當時國民黨仍掌控收音機廣播、電視等電波媒體，且擁有民進黨所望塵莫及的組織力與財力，這樣的選舉結果可說是實質上的重大挫敗。

選舉的敗因，顯然是民主改革的腳步太慢。一九八九年一月，立法院通過組織政黨合法化的《人民團體組織法》。在民進黨激烈反對的情況下，國民黨依然強行將「蔣經國三條件」（其中包含民進黨堅決反對的「政黨不得主張國土分裂」）納入法條中。一公布施行，國民黨與民進黨皆正式向內政部登記為政黨，象徵臺灣從此進入法制化的多黨時代。然而更加關鍵的國會改革卻遲遲沒有進展。國民黨內部在蔣經國晚年達成的共識，是只限於擴大中央民意代表中「自由地區」的席次，對於「萬年民代」則發放退休金鼓勵自願退休。此政策雖於一九八九年一月勉強立法化，但自願退休進展極慢。黨外勢力將「萬年民代」譏諷為「老賊」，媒體也頻繁拍攝這些老民代在國會議場上打點滴、打瞌睡或吐痰的老邁糗態。

李登輝的下一個戰場，是正副總統選舉。由於他繼任蔣經國成為第七任總統的任期將於一九九〇年五月屆滿，因此在同年三月，仍由大量「萬年代表」占據的國民大會預定將舉行第八任正副總統選舉。如果能夠順利通過這次選舉，他將獲得六年的任期。

無論是黨內還是輿論，對於李登輝作為總統候選人並無異議，但副總統候選人卻成為大問題。當時輿論界的熱門人選，是曾於國民黨第十三次全國代表大會中央委員選舉中獲得最高票，從俞國華手中奪取行政院長職務的李煥，李煥本人也抱持勝券在握的心態。然而若副總統是由具影響力的外省人擔任，李登輝的領導權將受到極大制約。於是李登輝在完全未與李煥等人商量的情況下，便宣布將提名政治實力幾乎為零的總統府祕書長李元簇為副總統候選人。

然而在李煥等外省籍實力派黨員眼中，此舉等同於違背了在蔣經國晚年形成的「集體領導默契」（汪士淳《千山獨行　蔣緯國的人生之旅》），是一種挑釁行為。對李登輝、宋楚瑜路線感到不滿的各方力量迅速集結，主要人物有李煥、郝柏村、林洋港、陳履安（時任經濟部長，陳誠的長子）、許歷農（國軍退除役官兵輔導委員會主任）等人。他們計畫在二月十一日召開的國民黨臨時中央委員會（這一天將決定正副總統候選人）上，與李登輝正面對決。原本國民黨中央委員會的表決方式，都是以容易受領袖影響的起立方式進行，他們以黨務運作民主化為口號，提案將總統候選人的表決改為無記名投票。如果提案通過，就會推舉本省籍的林洋港為總統候選人。

李登輝陣營直到前一天（十日）下午才察覺對方陣營的圖謀，當夜雙方陣營各自致電給中央委員，整個晚上就在電話遊說的攻防中度過。翌日經過劍拔弩張的討論程序後，要求採無記名投票的提案以七十票對九十九票遭到否決。最後依照黨中央的原定方案，採起立方式表決，李登輝與李元簇獲選為國民黨正、副總統候選人。從這個時期之後，國民黨內部的對立局勢，開始仿效往昔日本自民黨內的派系對立模式，分別被稱為「主流派」（李登輝派）與「非主流派」（反李登輝派）。

雖然上層菁英間的直接對立在表面上暫時告一段落，但在國民大會內部，早已有部分支持蔣緯國（一九一六－一九九七年）蔣經國之弟，歷任聯勤總司令等職，蔣經國晚年任國家安全會議祕書長）的「萬年代表」醞釀推舉另一組候選人來對抗李登輝。三月初，有媒體傳出林洋港將參選總統，由蔣緯國擔任副總統的消息。林洋港與蔣緯國一時成為媒體寵兒，卻始終未明確表態。直到最後一刻，林洋港在本省籍政壇耆老的勸說下，明確表態沒有參選意願，蔣緯國亦退出角逐。據傳當時本省籍耆老嚴厲警告林洋港：「若不退出競選，就會成為臺奸（臺灣人的叛徒）。」

另一方面，「萬年代表」趁著國大議程審查預備會議召開之際，接連提出國民大會每年定期召開、大幅提高出席費用等自肥提案。此舉引發輿論強烈反彈，各地方議會紛紛通過譴責決議。三月十四日，約五十名臺灣大學學生到國民黨中央黨部示威抗議，提出①廢止《動員戡亂時期臨時條款》、②解散國民大會、③召開推動政治改革的「國是會議」等訴求。十六日，學生進一步在位於臺北市中心的中正紀念堂廣場展開靜坐抗議行動。十八日，隨著大量民眾的加入，參與者達兩萬人規模，抗議集會上除了前三項訴求外，再追加了④提出政治改革時間表，共計通過四項訴求。十九日，由於未得到當局回應，部分學生開始絕食抗議；二十日，高雄亦發生學生靜坐抗議，部分大學學生展開罷課行動。

李登輝在次日（二十一日）上午當選為第八任總統後，立即召開國民黨中央常務委員會，正式決定召開國是會議推動政治改革。傍晚，他在總統府與靜坐學生代表會面，承諾盡早召開國是會議，並且會在五月二十日的就職演說中提出政治改革的具體時間表。學生代表次日早晨隨即宣布：「我們提出的四項訴求已成為全國同胞的基本共識」，並宣告抗議行動結束。

根據當時在現場採訪的新聞工作者上村幸治記述，當時有一名外國記者問道：「政府會不會鎮壓學生運動？」政府發言人回答：「將北京天安門事件與臺灣的學生運動相提並論，本身即是對臺灣政府和學生的侮辱。」（上村幸治《台灣　亞洲的夢想故事》）確實，臺灣的情況與北京截然不同。政府當局甚至與在野黨也達成了共識。在學生進行絕食抗議的十九日，祕書長宋楚瑜會見了民進黨主席黃信介，雙方同意召開國是會議。民進黨認為李登輝表現誠意，當天便宣布暫停群眾示威活動。學生見此狀況，也只能認同李登輝的改革態度確實順應民意而結束抗議活動。若對比一年前北京天安門廣場學生所面臨的悲劇，這樣的結束方式可謂極為明智、光榮且展現了臺灣社會的成熟。若將後來的事態發展也納入考量，這種對比正象徵了臺灣海峽兩岸政治的落差，而且這個落差此後還會持續擴大，這正是日後兩岸關係愈來愈緊張的原因之一。

李登輝的改革方案

如前文所述，李登輝利用改革輿論的高漲，為自己爭取到了時間。接下來他必須爭取的是政治空間。當時的在野勢力（如民進黨）雖然相對於巨大的國民黨仍顯得薄弱，卻在改革上展現出旺盛的活動力。而李登輝要爭取的「政治空間」，指的就是盡可能不削弱在野勢力，使其與國民黨內「擔心廢除萬年國會等改革措施將損害『法統』，進而導致『臺獨』，而不願意在改革上操之過急」的保守派勢力達成互相抗衡的關係，從而在這兩方中間建立起可以落實的改革方針。這就是李登輝所謂的中道改革路線。

隨著政治自由化的推進，在民進黨內外，開始出現比「住民自決」更進一步，直接要求「臺灣獨立」的臺灣國族主義聲浪。李登輝的選擇，是與民進黨內溫和派溝通。四月二日，李登輝邀請民進黨主席黃信介與祕書長張俊宏到總統府進行會談，李登輝向兩人承諾將在兩年內完成「憲政改革」。會談結束後，黃信介向記者表示「總統英明且民主」。除了黃信介之外，張俊宏在當時也是民進黨內的穩健派「美麗島派」的領袖人物。民進黨一週後即決定參加國是會議，十四日起民進黨代表也加入討論，正式成立國是會議籌備委員會。

此外，李登輝在五月二十日總統就職當天，宣布全面特赦美麗島事件受刑人。當時已經釋放的黃信介、張俊宏、姚嘉文等人，則恢復了公民權。同時，曾多次透過絕食抗議監禁的施明德，以及一九八九年九月從中國偷渡回臺遭逮捕的許信良（一九七九年流亡美國後，屢次嘗試回臺不果，最後只能以偷渡的方式回到臺灣），也都獲得釋放並恢復了公民權，以民進黨推薦委員的身分參加國是會議。

另一方面，李登輝在新任期開始之際，便撤換了外界傳聞與其不合的行政院長李煥，同時解除時任國防部長郝柏村的軍職，命其接任行政院長。郝柏村是先前「二月政爭」中非主流派的核心人物，李登輝的這項人事布局，除了彰顯自己願意為了順利推動憲政改革而化解與非主流派的嫌隙之外，同時也隱含著將郝柏村與軍隊切割（如同讓李煥擔任行政院長，將他與黨務系統切割）的權謀算計。

在完成上述施策後，李登輝於五月二十日的第八任總統就職演說中，針對政治改革提出盡快終結「動員戡亂時期」，以及承諾兩年內透過修憲完成中央民意代表機構（國會）、地方制度及政府體制的改革。外交政策方面，李登輝表示若「中共」肯實施民主政治及自由的經濟制度，明確放棄在臺灣海峽使用武力，並且不妨礙臺灣在「一個中國」前提下拓展對外關係的話，臺灣有意願以對等立場就國家統一問題進行對話。同時，他也表示將以更加務實的精神，積極拓展「國際空間」。

「憲政改革」方針與外交政策有著密不可分的關係。一旦結束「動員戡亂時期」，中華人民共和國就不再是「叛亂團體」。這麼一來，便不得不重新定義在臺灣的「中華民國」到底是什麼，以及重新界定在臺灣的「中華民國」與中華人民共和國及廣泛國際社會之間的關係。因此，李登輝在推動憲政改革的同時，也積極規劃其「大陸政策」。由此可知，李登輝所推動的內部制度改革，是一種涉及國家認同（在國際社會中的自我定位）的改革，勢必引發國內外的複雜效應，以下僅先就內部改革的過程進行探討。

李登輝讓原本手握軍權的郝柏村出任行政院長，引發民間強烈反彈，再次掀起學生、教授及一般民眾走上街頭抗議。在民進黨內，當時以「新潮流派」為主的激進派更主張拒絕出席國是會議。然而以黃信介為首的「美麗島派」領袖仍然堅持參與國是會議，並經黨內決議後訂定了包含總統直選及單一國會制等理念的「民主大憲章」，作為參與國是會議的腹案。

國是會議

國是會議以①國會改革、②地方制度、③中央政府體制、④修憲、⑤大陸政策及兩岸關係等五大議題為核心，召開時間為六月二十八日至七月四日。關於①國會改革議題，實際上在國是會議召開之前，民進黨立委陳水扁等人已向負責憲法解釋的司法院大法官會議提出釋憲要求。根據大法官會議作出的解釋，第一屆中央民意代表（包含一九四〇年代於大陸選出者，以及一九六九年缺額補選當選者）的任期只到一九九一年十二月三十一日止，因此「萬年國會」已經確定終結。

關於②地方制度，長期以來非經民選產生的臺灣省主席、臺北市長、高雄市長的民選化，幾乎是在毫無異議的情況下達成共識。而關於④修憲方面，各方也均同意終止「動員戡亂時期」、廢除「臨時條款」並進行憲法修正。至於⑤兩岸關係議題，會議上的共識度更是高得令人意外，多數與會者皆認為目前與中國進行政治交流的時機尚未成熟，且在大陸政策上應強調以「兩千萬臺灣居民的福祉為前提」。這句話也成為所謂「臺灣優先」原則的基礎，並被納入第八章將提及的《國家統一綱領》。

會議上難以達成共識的部分，是總統的選舉方式。民進黨代表強烈主張採直接選舉制，而國民黨則因礙於黨內主張小幅修憲而態度曖昧。且亦有意見認為，若僅由臺灣居民投票選出總統，那就成了「臺灣總統」的選舉，將不再是「中華民國總統」的選舉，如此將等同於宣布「臺灣獨立」。最終，國是會議上只達成了一個模稜兩可的共識，即總統「應由全體公民選舉產生」。

針對這些共識，會議通過成立專案小組以制定具體實施方案。民進黨期待此專案小組設於總統府內，但李登輝似乎認為窒礙難行，最後決定改為在國民黨中央常務委員會內成立「憲政改革策劃小組」。這樣的安排讓在野陣營感到失望，原本推動參與國是會議的「美麗島派」在民進黨內也因此威信稍減，在激進派的主導下，民進黨開始以制定全新憲法（「制憲」）來對抗國民黨的「修憲」。

「憲政改革」的推展

不過對照半年前李登輝本人甚至無法明言將終止「動員戡亂時期」，國是會議仍算成功。該會議不僅設定了「萬年國會」的終結時間，也使得「憲政改革」成為不可逆轉的政治議程。雖然共識的具體方案制定過程變成由國民黨閉門造車，但中央常務委員會的「憲政改革策劃小組」終究會迫於壓力而開始運作。

後來憲改策劃小組提出了基於前述「五院」體制小幅「修憲」方針下的「一機關二階段」改革日程。「一機關」指的是國民大會，「二階段」則是指：第一階段由第一屆國民大會代表（「萬年國代」加上一九八六年增額選出的國代）制定憲法「增修條文」，建立第二屆國大代表的選舉方法，以及第二階段修憲完成前的統治法源依據，並且實施第二屆

圖表 6-1　國會定期改選（第二屆以後）所獲席次及得票率

實施年分	選舉類別	國民黨		民進黨		新黨		總計席次
		席次數	得票率%	席次數	得票率%	席次數	得票率%	
1991 年	國民大會選舉（第二屆）	254	71	66	24	1993 年 8 月創黨		325
1992 年	立法院選舉（第二屆）	102	53	50	31			161
1995 年	立法院選舉（第三屆）	85	46	54	33	21	13	164
1996 年	國民大會選舉（第三屆）	183	50	99	30	46	14	334
1998 年	立法院選舉（第四屆）	123	46	70	30	11	7	225

表格內容／若林正丈

資料來源／依據臺北各大報的選情報導整理而得

國大代表選舉；第二階段則由選出的第二屆國代正式進行修憲。

依循此方案，首先國民大會在一九九一年四月召開了臨時會議，於該月二十日通過了共十條的「增修條文」，並於二十二日決議廢止《動員戡亂時期臨時條款》。李登輝接著於五月一日，以總統身分正式宣布終止「動員戡亂時期」，同時公布「增修條文」。至此，在臺灣的「中華民國」終於解除了一九四〇年代因中國內戰而產生的「內戰狀態」。

同年年底實施的第二屆國民大會代表選舉，是眾所期盼的「萬年國會」全面改選的第一步。選舉結果，國民黨獲得了二百五十四席（總共三百二十五席），連同一九八六年選出的增額代表，已遠超過通過修憲表決所需的四分之三席次（參見圖表6-1）。由於在一九八九年的立法委員選舉中，民進黨取得二八％的得票率，因此外界原本評估國民黨難以取得四分之三席次。但國民黨最終大獲全勝，主要原因之一，是民進黨在選舉前夕（一九九一年十月）於黨代表大會上修改《基本綱領》，加入了「建立主權獨立自主的臺灣共和國」一語。根據當時《聯合報》所進行的民調顯示，若臺灣明天就宣布獨立，回答「害怕」的人高達四七％（回答「高興」者僅五％）。若我們假設此民調結果大致符合當時的民意分布情況，將「臺灣獨立」納入《基本綱領》顯然是一項錯誤的選舉策略。國民黨只需要不明言「統一」，塑造「反臺獨」能「維持安定繁榮」即可。

另一方面，民進黨這次選舉的表現，恐怕也是李登輝所不樂見。李登輝曾在國是會議閉幕式後，使用臺語與民進黨代表閒聊時表示，總統的選舉方式「怎樣都可以」，暗示自己並不反對直選。如果此時期李登輝是以總統直選作為推動「憲政改革」的終點，那麼最大的阻力必然來自國民黨內部。因此李登輝可能希望民進黨在選舉中取得四分之一席次，如此一來，自己就能以「必須向民進黨妥協」為理由，說服黨內接受總統直選。

但如今得不到民進黨的外力協助，李登輝只好憑自己的實力。一九九二年初，黨內的「憲政改革策劃小組」作出的結論，傾向於將總統選舉方式定為由國民大會代表進行的間接選舉，也就是所謂的「委任直選」方式。李登輝於二月底指示國民黨祕書長宋楚瑜和總統府祕書長蔣彥士表態支持總統直選制度。三月四日，《中國時報》也以社論表態支持，隨後南部縣市議會正副議長聯名發表聲明，要求下一屆總統應以直接選舉方式產生。

李登輝的政策急轉彎，引發了非主流派強烈抵抗。三月九日召開的臨時中常會經過七小時的激烈討論，仍未能作出結論。緊接著十四日舉行的第十三屆三中全會，亦討論未果。最後只好於二十日召開的第二階段「修憲」國民大會上，通過將總統選舉方式的決定時間延後至一九九五年五月二十日（第八任總統任期屆滿前一年）。另外，此次修憲還通過了於一九九四年實施臺灣省長、臺北市長、高雄市長的民選。

在這第二階段的國民大會上，再度制定了一套憲法「增修條文」，決定立法委員的選舉方式（複數選區與政黨比例代表並行制）。一九九二年年底便依此制度，舉行了第二屆立法委員選舉。民進黨記取了前一次的教訓，此次主打「實現總統直選」，以「一中一臺」取代直接主張「臺灣獨立」，並集中火力攻擊自上任後即與民進黨立委針鋒相對，強硬主張「反臺獨」的行政院長郝柏村。結果民進黨在沒有了「萬年民代」的新立法院內，取得接近三分之一的五十席，從此確立了在臺灣政壇的穩固地位。

經歷立法院的全面改選後，臺灣的政治氛圍有了很大的轉變。反對總統直選的聲音逐漸減弱，終於在一九九四年第三次修憲時，通過從下屆總統起，實施相對多數制的直接選舉制度。繼國會全面改選之後，一九九六年首次的總統直接選舉即將實現，李登輝也在其政治任期內，成功推動了政治體制的民主化。

第七章

臺灣國族主義與族群政治

臺灣國族主義的興起

臺灣政治的民主化，是以戰後歷經重組的臺灣多重族群社會為發展基礎。一般而言，政治體制的民主化，會將原本被舊體制排除在外或僅部分內包的居民（可能是「底層階級」，也可能是「少數民族」）完全納入政治體制內，而這個過程往往會誘發更複雜的政治現象。在某些情況下，由此產生的新問題可能會阻礙民主化發展，甚至影響新民主體制的穩定性。

在臺灣的「中華民國」因其國際地位的特殊性，亦難逃此現象。其中對臺灣內外影響較大者，就是是隨著政治自由化的推展，臺灣國族主義逐漸抬頭，「國族主義政治」也逐漸成為政治發展的主軸。當臺灣國族主義在政治舞臺落地生根時，政治的自由化也就有了穩定的基礎。

臺灣國族主義是一種反對「一個中國」原則，主張臺灣應建立獨立主權國家的政治言論及運動。此外，臺灣國族主義還伴隨著一種文化民族思想，主張臺灣存在（或應當存在）一種有別於「中國人」的民族（國族），即「臺灣人」，並積極強調（或試圖創造）

「臺灣文化」的獨特性。

筆者在前文提過，一九八〇年代前期爆發的美麗島事件，是「黨外」的政治理念快速進化的時期。在這段期間裡，一種具政治性的國族主義隨著「臺灣前途由住民自決」的口號登上臺灣島內的政治舞臺。這個口號在一九七八年底中美建交時，還只是「黨外」勢力的眾多主張之一。至一九八六年秋民進黨成立時，已躍升為該黨的核心政治理念。

在一九八〇年代前期，有一群人開始以「黨外雜誌」為舞臺，以「臺灣意識」為關鍵字，批判基於「中國意識」或中國國族主義的臺灣歷史詮釋。此外，一些本省籍文學家也從重視臺灣草根性及描寫臺灣庶民生活的「鄉土文學」，進一步發展出「臺灣民族文學」的催生理念。就在同一時期，海外的臺獨派知識分子如史明（本名施朝暉〔一九一八：二〇一九年〕）的《台灣人四百年史》、王育德（一九二四－一九八五年）的《台灣　苦悶的歷史》、彭明敏（一九二三－二〇二二年）的《*A Taste of Freedom*》、陳隆志的《*Formosa, China, and the United Nations*》等介紹臺灣史或解釋臺灣國際地位的著作（均由旅美臺灣人譯為中文），也以私人出版的形式，開始在知識分子和學生間流傳。

歷經政治運動家與知識分子間的論述形成階段後，在一九八〇年代後期政治自由化的時局下，這段期間在運動家之間廣為流傳的「臺灣人四百年史」、「（持續受外來政權壓迫的）臺灣人的悲哀」、「臺灣人要出頭天」等詞彙，大多會搭配相關的歷史論述，由「黨外」或民進黨在經常舉行的集會與街頭活動中，以「臺語」（福佬話）傳播給群眾。此外，在一九八七年（二二八事件四十週年）之後，社會上也掀起了要求重新檢視二二八事件（原本被視為禁忌）的社會運動。

在這樣的情況下，蔣經國晚年推動政治自由化時，規定合法政黨必須與「臺獨」劃清界限的條件，反而給了臺灣國族主義者絕佳的群眾動員機會。國民黨憑藉「萬年國會」的人數優勢，將「蔣經國三條件」寫入《國家安全法》與《人民團體組織法》，反而導致由此引發的反對運動讓「臺灣獨立」逐漸成為可公開討論的議題。而當時的政府，事實上已沒有能力依照法條進行嚴格取締。民進黨受此社會氛圍的激勵，於一九八七年秋季的第二次黨代表大會上，通過了「人民有主張臺灣獨立的自由」之決議，隔年春天的臨時大會更進一步決議：「如果國共片面和談、如果國民黨出賣臺灣人民利益、如果中共統一臺灣、如果國民黨不實施真正的民主憲政，則民進黨主張臺灣獨立。」自此之後，民進黨內的國族主義色彩日益濃厚，這也造成黨內部分領袖（包括數名外省籍立法委員）陸續選擇離開民進黨。

原本肇始於一群「講國語的高學歷本省人」對政治體制提出異議的臺灣民主運動，後來發生重大轉變，成了以臺語呼籲「臺灣人出頭天」的臺灣國族主義群眾運動。民進黨的群眾運動，是一種對蔣經國限制政治自由化的反抗運動，可以視之為一種自下而上的政治性社會化，一種身為「臺灣人」的民族形成運動，用來對抗國民黨自戰後四十年來從上而下的「中國人」民族教育。

「監獄島」的終結

此外，一九九一年五月初還爆發了「獨立臺灣會事件」。此事件指的是居住在日本的臺獨運動家史明所組織的「獨立臺灣會」被指控進行顛覆國家的活動，有四名年輕人因此遭政府根據《懲治叛亂條例》與《刑法》第一百條（內亂罪）逮捕及起訴。在民主改革正按照時間表逐步推進，且在野勢力正因反對「軍人內閣」而鬧得沸沸揚揚之際，竟然發生這種政治逮捕事件，當然立刻引發學生與教授們的強烈反彈，臺北的中正紀念堂廣場和臺北車站再次聚集大量抗議群眾。為了平息民怨，立法院迅速採取行動，在五月十七日立即通過廢除《懲治叛亂條例》的決議（五月二十二日依總統令正式廢除）。

《刑法》第一百條原本的解釋是可依民眾的言論判定內亂罪，該年秋天的雙十節慶典期間，一群學生在位於總統府附近的臺灣大學醫學院前廣場發動徹夜的靜坐抗議活動。《刑法》第一百條中涉及言論內亂罪的條文，最終在隔年（一九九二年）五月被刪除。從此以後，無論是主張「臺灣獨立」，或是公開稱讚中國共產黨，都成為合法的言論自由。此外，依據《懲治叛亂條例》而制定的所謂「黑名單」（禁止回國或入境的政治異議分子名單）亦被廢止，大量流亡海外人士因此得以返國。因「臺灣人民自救宣言事件」自一九七〇年起流亡美國的彭明敏，也於一九九二年十一月返回臺灣。

過去被政治犯諷刺為「監獄島」的臺灣（柯旗化《台灣監獄島》），終於成為沒有政治犯的島嶼。

一九九一年十月，民進黨決定以「由臺灣全體住民以公民投票方式選擇決定」作為條件（因此被形容為「公投臺獨」），正式將「建立主權獨立自主的臺灣共和國」納入黨綱，正是在前述事件發生之後。此一主張明顯違反了前述《人民團體組織法》中「反臺獨條款」的規定，如果行政院內政部嚴格執法，應該下令民進黨解散，但內政部並沒有這麼做。

雖然民進黨將「臺獨」納入黨綱的決定，導致該年底的國民大會全面改選中，國民黨大獲全勝。但既然民進黨仍然持續存在而沒有遭到解散，證明了臺灣已徹底落實政治自由化與臺灣國族主義的合法化。在這個時期，像「台灣獨立聯盟」這樣原先以海外為根據地的獨立派組織，也陸續回歸臺灣島內。

隨著政治自由化的推進，臺灣國族主義逐漸崛起，而其代表性的政治團體就是最大在野黨（民進黨）。由此可看出，臺灣的政治意識形態主軸已明確定位於所謂的「統獨問題」（與中國統一或臺灣獨立）上。中國國族主義與臺灣國族主義這兩種意識形態形成了一道對立軸，從此不論是政治人物、政治評論家，還是政治團體，只要想在臺灣的政治舞臺生存，都必須在這個對立軸上選擇自己的立場。

「從渡海族群到臺灣本土族群」

建立於臺灣多重族群社會上的政治體制民主化，不僅伴隨著國族主義式政治型態的出現，也與新興的「族群政治」（ethnopolitics）有著密切關係。隨著「憲政改革」實施後政治權力的重新分配，政治菁英重新洗牌，選舉政治逐漸呈現「族群化」現象，同時以往被省籍矛盾掩蓋的少數族群也開始產生明確的自我意識，形成所謂的族群復興（ethnic revival）現象。以下將從郝柏村內閣時期到後來的政局，觀察政治菁英的洗牌情況。

一九九〇年五月，李登輝任命黨內非主流派核心人物郝柏村擔任行政院長。李登輝事後聲稱自己下了一劑「猛藥」，使得郝柏村被迫面對迅速崛起的臺灣國族主義的強大壓力。

郝柏村就任之初，李登輝曾用「肝膽相照」來形容彼此關係，企圖營造出兩人關係緊密的氛圍。郝內閣標榜「治安內閣」並取得一定的政績，在這方面獲得了不錯的社會評價。然而兩人的蜜月期並沒有維持太久，原因之一就是軍權衝突。郝柏村已從軍職退役，卻仍想維持對軍方的影響力，而李登輝則根據《憲法》第三十六條賦予總統的統帥權，企圖實際掌握軍權。

郝柏村自一九八一年起，到一九八九年轉任國防部長為止，一直長期擔任參謀總長（一般僅任期兩年便輪調），在軍中累積了極廣的人脈。即使在擔任行政院長之後，郝柏村仍經常以行政院長身分在國防部召開軍事會議，要求軍方高層向他匯報軍情，甚至試圖干涉參謀總長的人事權。

李登輝為了解決這個問題，私下透過總統府將郝柏村召開軍事會議的消息透露給在野的民進黨立委，讓他們指責郝柏村的行為侵犯總統的統帥權。到了一九九一年八月一日，李登輝更召集主要將領，明確表示「軍人應忠於國家，而非效忠於某個特定個人」，態度極為強硬。此外，李登輝也成功地在軍方人事上安插反郝柏村勢力，例如任命劉和謙為參謀總長、蔣仲苓為總統府參軍長（總統軍事顧問），藉此削弱軍中「郝家班」的勢力（參見周玉蔻著《李登輝的一千日》）。

另一道攻勢，則是來自立法院的集中砲火攻擊。由於郝柏村具有強烈的軍人性格，在「反臺獨」與「中國意識」的表達上往往相當直接，這使得他成為民進黨立委的絕佳攻擊對象。毫無政治圓融手腕的郝柏村，就這麼被貼上「反臺灣」的標籤而逐步陷入困境。到了一九九二年，就連內閣領導力也蒙上了一層陰影。同年夏天，財政部長王建煊提出以實際交易價格作為土地增值稅課稅基準的想法，但遭批評「損害人民權益」，在中常會上引發國民黨內部強烈反彈。地方議會也紛紛對眷村出身的王建煊進行猛烈批評，甚至出現「外省籍財政部長要搶奪本省籍庶民土地」的誹謗中傷。李登輝擔心影響年底選情，並未表態支持，王建煊最終辭職下臺，郝柏村也只能接受。

此外，原應郝柏村之邀擔任行政院環境保護署署長的「新國民黨連線」領袖趙少康，也在此局勢下請辭，同時將戶籍遷往新北市，宣布參選年底的立法委員選舉。王建煊亦在臺北市北區以無黨籍身分參選。結果兩人都在各自的選區中，以創紀錄的高票當選立委。臺北市和新北市原本就是外省籍人口比例較高的地區。儘管增稅政策絕不會受到選民的歡迎，但提出此政策的王建煊是眷村出身，向來以為官清廉著稱，卻在族群對立的流言煽動下被迫辭職，這對外省籍選民來說無疑是一種打擊。王建煊與趙少康的高票當選，可以視為此後都市地區外省籍族群投票（ethnic voting）現象的濫觴。

國民黨內外錯綜複雜的權力抗爭，最終還是由選舉作出了裁定。一九九二年十二月，立法院進行全面改選，立委席次超過八成都是本省人。「萬年民代」早已退出了政治舞臺，任何人都看得出來政治菁英的省籍分配明顯傾向對本省人有利。選後，李登輝也不再隱藏自己打算撤換郝柏村的意圖。在這個時期，臺北街頭出現了不少擁護郝柏村、主張推翻李登輝的外省退役老兵示威活動。然而這種街頭運動的景象，反而更加明確地突顯了臺灣政治力量結構的逆轉。畢竟直到不久之前，訴諸街頭抗議、要求政治權力公平分配的族群，原本是以民進黨為主體的本省人勢力。

一九九三年一月三十日，郝柏村終於表明辭意。二月十日，國民黨中常會接受李登輝的提議，指名時任臺灣省主席的連戰接任行政院長，立法院於二月二十三日通過了連戰的任命案。連戰原本的臺灣省主席一職，由國民黨祕書長宋楚瑜接任，而宋楚瑜的祕書長一職，則由駐日臺北經濟文化代表處代表許水德（一九三一—二〇二一年）本省人）接任。

在軍隊高層人事的臺灣本土化方面，李登輝表現出相當謹慎小心的態度，再加上缺乏足夠的本省籍人才，因而進展緩慢。但在黨務與政府層面，重要職位如今已全面由本省人掌控，這在從前蔣家統治時期是難以想像的事情。總統、行政院長與國民黨祕書長，這三個關鍵職位竟然全是本省人。我們可以說，臺灣的政權已明顯從外省菁英移轉到本省菁英的手中。借用臺北某報紙的說法，主導權已經「從渡海族群轉到臺灣本土族群」。

在這樣的政局變動下，八月中旬召開的國民黨第十四次全國代表大會，成了李登輝驗收其權威地位的大會。李登輝在會中以壓倒性的票數再次當選黨主席。

「新黨現象」

郝柏村被迫辭職的事件，對於「新國民黨連線」（非主流勢力在立法院的代表團體）而言也是巨大的衝擊，於是他們開始策劃要與國民黨分道揚鑣。二月十一日，國民黨中常會通過由連戰擔任行政院長的隔天，「新國民黨連線」在臺北舉行了一場以「請問總統先生」為題的李登輝批判群眾集會。這就是後來被稱為「新黨現象」的外省族群動員活動的濫觴。

三月五日，「新國民黨連線」根據《人民團體組織法》向內政部登記為政治團體，並在記者會上宣布自己才是「正統國民黨」。接著在國民黨第十四次全代會召開前幾天的八月十日，他們宣布成立「新黨」，並於八月二十二日舉行了建黨大會。新黨成員共有七名立委，除了脫離國民黨的六名立委外，還有前財政部長王建煊。在成立宣言中，他們標榜自身是「庶民的政黨」，將取代「腐敗、金權的國民黨及暴力、煽動省籍仇恨的民進黨」，成為民眾的第三個選擇。這個小小的政黨，從國民黨中分裂了出來。一個在統獨意識型態軸線上比國民黨更偏向「統一」的政黨就此誕生。

新黨成立後的第一場選戰，是同年十一月舉行的臺灣省各縣市長選舉。新黨在好幾個縣市推出候選人，其中包含軍事機構及設施較多的桃園縣，結果全部落選。然而在選舉之前，國民黨非主流派大將之一的前中常委許歷農，宣布脫離國民黨加入新黨。許歷農長年擔任行政院國軍退除役官兵輔導委員會主任，在軍眷聚集的眷村有很高的聲望，被稱為「許老爹」。新黨的成員大多在國民黨時期就是依靠軍隊體系選票當選，許歷農的加入使他們在離開國民黨後仍能穩住「眷村」票源。換句話說，國民黨因此失去了這些票源。

雖然新黨在成立初期投入的縣市長選舉吃了敗仗，但「取代腐敗、金權的國民黨及暴力、煽動省籍仇恨的民進黨」這個訴求開始產生效果。許多年輕知識分子紛紛加入新黨，因為他們在日益本土化的國民黨內看不到自己的政治前途，且在意識型態上亦難以認同在黨綱中明確主張「臺灣獨立」的民進黨，因此將政治生涯的希望寄託在新黨上。

一九九四年，新黨率領這群年輕知識分子，投入了第一級行政區（臺灣省、臺北市、高雄市）的首長與議會選舉。這是繼國會全面改選之後，又一項民主改革成果。此時的新黨透過支持者經營的地下電臺（這時期開始流行的小規模無照廣播電臺）擴大宣傳，建立起了願意參與活動或無償提供協助的義工人脈網絡，特別是在成為全國焦點的臺北市長選戰中，展現出超乎預期的動員能量。

民進黨推出民眾支持度最高的立委陳水扁參選臺北市長，新黨則是提名媒體寵兒趙少康為候選人。至於國民黨，則是由現任市長黃大洲參選。趙少康喊出「中華民國保衛戰」的口號，雖是地方選舉卻刻意營造出容易吸引媒體注意的「臺獨與反臺獨」對抗結構，挑戰支持度持續穩居第一的陳水扁。但當陳水扁陣營打出「快樂的市民、希望的城市」的軟性訴求化解攻勢後，趙少康轉而向李登輝發出挑釁的言論，宣稱「李登輝祕密計畫在一九九六年實行臺灣獨立」。

新黨在這次選戰中的最大特徵，就是火力全開攻擊李登輝，以及對支持者（自稱「都市中產階級」）的大規模街頭動員。根據臺灣社會學者王甫昌的調查，從十月二十五日成立趙少康競選總部開始，到十二月二日（投票前一天）為止，參與者超過三百人的大型街頭群眾行動或集會就多達十次（王甫昌〈台灣族群政治的形成及其表現〉）。筆者當時也目睹了部分的活動場景，不管是示威活動還是集會，新黨的指揮和運作都相當熟練且秩序井然，現場高喊的口號大多是「李登輝下臺」、「李登輝是日本人」（利用「日本人↓中國侵略者↓壞人」的聯想）之類，顯示出對李登輝的強烈敵意，令人印象深刻。

「族群投票」

這些街頭行動的參與者以及投給「新黨」候選人的選民，據說並非全部都是外省人，其中也包含相當數量的本省籍年輕世代。然而根據選後的各種調查顯示，投票給新黨候選人的選民中，外省人約占四成到五成左右。這幾乎是臺北市人口中外省人比例的兩倍。換句話說，新黨成功吸引了部分本省人的選票，但同時也明顯引起了外省族群選票的集中現象。

然而這次選舉的特色在於，不只是外省人展現了族群投票現象。李登輝當時已成為民主化與本土化的象徵性人物，街頭群眾運動卻如此露骨且密集地表達出對他的敵意，讓多少抱持「臺灣意識」的本省人感到震驚。因此即使是國民黨的支持者，也可能為了阻止對李登輝充滿敵意的外省籍候選人當選，而放棄當選機會不大的本省籍候選人黃大洲，轉而把票投給同樣是本省人但身為在野黨候選人的陳水扁，這就是所謂的「棄黃保陳」現象（放棄黃大洲，保住陳水扁）。選舉結果，民進黨的陳水扁以四三．三七%得票率當選，趙少康得票三〇．一七%，黃大洲二五．八九%。雖然我們無法準確掌握究竟有多少「棄黃保陳」的選票，以及這些選票對選舉結果造成多大影響，但新黨所發動的族群動員，顯然也激發了本省籍選民進行一定程度的族群投票行為。這可說是臺灣選舉的「族群化」起點。

同時舉行的臺灣省長選舉方面，國民黨推出現任省主席宋楚瑜（外省人），民進黨推出陳定南（本省人），而新黨則推出從民進黨脫黨的前立委朱高正（本省人）。但由於臺灣省較多農村地區，新黨實力有限，實際上是宋楚瑜和陳定南的對決。民進黨喊出「四百年來第一戰」的口號（讓人聯想到史明的《台灣人四百年史》），積極進行選舉動員，明確展現出臺灣國族主義與族群政治的色彩，社會上更一度流傳「臺灣人就該選臺灣人」的說法。另一方面，宋楚瑜身為國民黨現任省主席，在利益政治方面有著明顯的優勢。加上李登輝提出「新臺灣人」論述，主張「不論何時來到臺灣，只要是為臺灣努力打拚的人，都是新臺灣人」，化解了宋楚瑜外省籍背景的不利因素。此外，宋楚瑜本人也積極學習臺語，並在選戰過程中大量使用，以此展現親近本省人的態度。最後宋楚瑜以得票率領先陳定南一七・五％的差距大獲全勝（參見圖表7-1）。

到了一九九五年底的立委選舉，新黨席次從七席一口氣增加至二十一席（總席次一百六十四席）。然而到了一九九六年總統選舉後，新黨內部便不斷傳出內鬨聲音，黨勢在一九九八年立委選舉中大幅衰退。另一方面，在李登輝主導的民主化及本土化改革下成功適應且在臺灣最大選區贏得勝利的宋楚瑜，則是逐步積蓄實力，成為後李登輝時代外省籍族群寄託眾望的政治家。至於民進黨方面，則由贏得臺北市長選舉的陳水扁逐漸成為時代的領袖。

族群復興

民主化改變了政治權力的分配方式，伴隨而來的政治自由化，也解放了過去受到打壓

圖表7-1　臺灣省長、臺北市長、高雄市長、總統選舉得票率（%）

選舉類別	1994年		1998年	
臺灣省長	宋楚瑜（國民黨）	56.22	※因臺灣省「凍省」，未舉行選舉。	
	陳定南（民進黨）	38.72		
	朱高正（新黨）	4.31		
臺北市長	黃大洲（國民黨）	25.89	馬英九（國民黨）	51.13
	陳水扁（民進黨）	43.37	陳水扁（民進黨）	45.91
	趙少康（新黨）	30.17	王建煊（新黨）	2.96
高雄市長	吳敦義（國民黨）	54.46	吳敦義（國民黨）	48.13
	張俊雄（民進黨）	39.29	謝長廷（民進黨）	48.71
	湯阿根（新黨）	3.45	吳建國（新黨）	0.81
選舉類別	1994年		1998年	
總統	李登輝、連戰（國民黨）	54.00	連戰、蕭萬長（國民黨）	23.10
	彭明敏、謝長廷（民進黨）	21.13	陳水扁、呂秀蓮（民進黨）	39.30
	林洋港、郝柏村（新黨）	14.90	李敖、馮滬祥（新黨）	0.13
	陳履安、王清峰（無黨籍）	9.98	宋楚瑜、張昭雄（無黨籍）	37.47
			許信良、朱惠良（無黨籍）	0.63

註：2000年3月底宋楚瑜宣布成立「親民黨」。

表格內容／若林正丈

資料來源／選舉次日臺北各大報紙報導

的各種社會群體的自我主張，其結果必然會對臺灣多重族群社會的結構造成衝擊。民主化時期臺灣社會所經歷的，可以說是一種小規模的族群復興（ethnic revival），也就是臺灣多重族群社會中各族群分別在政治與文化方面表達自我主張的過程。民主化的十年，同時也是兩岸民間交流大幅發展的十年。在這段期間裡，有些人終於能夠與當年因內戰而分離的家人團聚，有些企業幹部或技術人員因為臺灣企業在中國大陸設廠而在大陸長期居留，此外當然還有隨之而來的兩岸通婚，這些現象都會導致兩岸居民的移民或移居，以長遠的眼光來看，當然會對臺灣內部的社會結構造成影響。但至少以現階段而言，還不曾發生過類似一九四九至一九五〇年間大量外省人湧入臺灣，導致臺灣社會的族群結構發生重大變化的大規模移民或移居事件。換句話說，民主化對多重族群社會的影響，並非族群社會本身的結構重組，而是各族群之間的關係調整。

如同前文所述，一九八〇年代以後的臺灣民主化運動，是以「臺灣人要出頭天」這類口號所展現的本省人族群意識為基礎動能。換句話說，臺灣民主化的進展過程，同時也是本省人族群表達自我主張的過程。另一方面，我們在前文也提過，「新黨現象」亦可以視為外省人族群表達自我主張的過程，呈現出的是另一種「外省人也要出頭天」的意識。在人口上占優勢的本省人，正逐漸將此優勢轉化為政治上的優勢。而外省人雖已失去政治優勢，但終究是持續存在於臺灣島上的一股勢力。「新黨現象」的發生，逼迫臺灣人正視這兩個族群未來該如何相處的問題。

相較於本省人與外省人的族群自我主張在民主化過程中逐漸政治化，屬於本省人內部少數族群的「原住民」及「客家人」的自我主張，則多以文化性及社會性的方式呈現。

如第四章所述，相較於日本殖民統治時代，戰後臺灣原住民的政治環境已有所改善，教育的普及度在山區也有了顯著提升。但是從「吳鳳神話」長年被納入國語教材的現象，不難看出原住民普遍受到歧視。再加上原住民在與平地人之間的社會經濟競爭中，處境往往較為不利，種種因素所造成的困境反而有更加惡化的傾向。

一九八〇年代原住民運動的濫觴，可追溯至一九八三年五月，臺灣大學的原住民學生發行油印刊物《高山青》，訴說原住民族所面臨的困境。不久之後，一部分「黨外」勢力開始關注這個問題。原住民運動者獲得了支持，隔年（一九八四年）年底即成立「臺灣原住民權利促進會」。從這個組織名稱可以看出，這些運動者自稱「臺灣原住民」，拒絕接受外界所給予的「山胞」或「高山族」之類族群名稱。他們的社會運動，起步於確認自身民族的自主性。

原住民運動的訴求相當多元，其中一部分關於文化復興的要求，已隨著民主化的推進而逐步實現。其一便是所謂的「正名運動」。一九九四年政府在修憲時，將對原住民族的稱呼從原本的「山胞」改為「原住民」。一九九六年行政院成立相關專責單位時，也命名為原住民委員會（後更名為原住民族委員會）。另外，一九九五年修訂《戶籍法》後，以往只能登記漢族姓名的規定也有所放寬，允許使用各民族姓名（但仍必須以漢族文字登記）。此外，「反污名運動」也取得了一定成果。前述的「吳鳳神話」教材內容，在歷經原住民拉倒嘉義（神話的相關地）車站前的吳鳳銅像等激烈抗爭後，也在一九八八年從教科書中刪除。到了隔年（一九八九年），與此神話相關的鄒族居住地也由「吳鳳鄉」改名為「阿里山鄉」。

此外，原住民認為其民族困境的根本原因，在於打從清朝及日本統治時代起，漢族便不斷入侵原住民族的生活空間。為了解決此問題，原住民們提出設立「原住民自治區」的要求，但迄今仍未實現。

總體而言，除了涉及漢族經濟利益的部分外，原住民族的要求大多逐漸得到落實。撇開實質權益不論，隨著臺灣國族主義的興起，與臺灣有著最深的歷史淵源且擁有「非中國性」固有文化的原住民族，在象徵上的地位逐漸獲得提升。然而也有一些原住民認為這種象徵性的地位提升並無法改善其實質困境，自一九九〇年代前期起，逐漸興起原住民返回部落（各族原本的生活地）重建生活與社群的運動。

至於「客家人」，就像是被夾在人口占優勢的福佬人與政治文化占優勢的外省人之間。再加上客家人普遍有著與其他族群交流時隱藏自身族群身分的傾向，因此過去客家人常被稱為「隱形人」。在居民來自全臺灣各地的臺北等大都市，由於前述現象，加上推行「國語」的教育高度普及，客家語作為臺灣人的母語之一，與福佬話相比，語言失落的情況顯然嚴重得多。福佬話由於使用人口眾多，一直保有作為商業活動語言的優勢。一九八〇年代在「臺灣人要出頭天」的社會氛圍下，「臺語」儼然成為「黨外」勢力與民進黨的通用語。從社會面來看，「出頭天」現象也意味著「臺語」的社會地位明顯提升。然而所謂的「臺語」，實際上就是「福佬話」（閩南語）。參與「黨外」勢力及文化運動的客家人因此批評這種以「福佬人」、「福佬話」代表「臺灣人」、「臺灣語」的論調，稱之為「福佬中心主義」或「福佬沙文主義」。

在此刺激下，客家族群興起了一股客家文化復權運動，並且開始推動母語的保存及維護。一九八七年，以論述客家文化及客家社會現況為主題的雜誌《客家風雲》創刊。到了隔年（一九八八年），客家文化運動者又效法原住民族成立「客家權利促進會」。同年十二月，該會發動「還我母語運動大遊行」。大約從這個時期開始，無線電視臺每星期會播放三十分鐘的客家語節目。進入一九九〇年代後，隨著民主化的發展，舉辦選舉的頻率增加，各政黨紛紛承諾保障客家文化權益。政黨輪替後的二〇〇一年六月，行政院內設立客家委員會。

透過上述現象，我們可以看出民主化過程中各族群的自我主張，不僅影響了政府決策，也對臺灣國族主義的論述產生了影響。一個最明顯的例子，就是筆者在本書第一章就曾提過的，將臺灣社會族群結構歸納為「四大族群」的觀點。這個觀點本為海外臺獨派的主張之一，自一九九一年主張臺獨的民進黨立委葉菊蘭（客家人）在立法院提出後開始受到注目，從此在臺灣廣為流傳。筆者在第一章說明過，所謂的「四大族群」並不符合事實，應該稱之為「一小一大二中」。刻意稱之為「四大」，蘊含著族群間文化平等的理念。民進黨於隔年（一九九二年）發表的政策白皮書中，收錄了外省籍社會學者張茂桂撰寫的《族群與文化政策》，提倡「多元融合的族群關係與文化政策」。

上述提及的運動、主張，以及透過設置專業委員會來強化施政，到底對促進臺灣多重族群社會中的族群相互尊重與發展，發揮了何種形式及何種程度的效果，仍有待進一步驗證。不過有一點必須注意，那就是雖然「四大族群」的論述是發源於臺灣國族主義，但臺灣社會文化多元性的概念本身，並不直接涉及統獨爭議。正因如此，文化多元性與族群相互尊重的理念，才能逐漸獲得廣泛接受。

因此我們可以說，臺灣的多重族群社會在民主化過程中，雖然產生了如選舉族群化這種可能讓政治對立升溫的現象，但在文化和社會層面上，透過文化多元性與相互尊重的理念，族群間的相互關係也逐漸取得協調。這一點雖然很少受到外界關注，但以筆者的觀察，它可以說是臺灣社會隨著經濟發展與民主化所達成的成果之一。

不過有一點必須釐清，那就是前述現象並不表示臺灣社會正在強化「四大族群」之間的文化壁壘。筆者在前文也提過，儘管有失均衡，但國民黨政府從上而下的「中國化」政策，至少在本省人、原住民族的語言同化方面已經獲得成功。因此我們可以將文化多元性的尊重理解為在此基礎上的調整，或者視為對過度的「中國化」政策的一種適度修正。如果我們換一個角度，這也可以視為在臺灣基本實現產業化與民主化之後，以漢族為主體的社會開始摸索一種對多元性更加寬容的新型態的「中國性」（Chineseness）。當然這只是第三者的解讀，若站在臺灣國族主義的立場來看，這個現象會被宣揚為一種「臺灣性」（Taiwaneseness）。而從傳統中國國族主義的觀點來看，則會擔心這是一種明顯錯誤卻又不斷擴大的「臺獨」意識。臺灣的多重族群社會，依然處於這樣一種意識形態的磁場之中。

第八章

中華人民共和國與臺灣

——經濟鏈結、人心疏離？

東西冷戰的終結與臺灣海峽的變化

「民主化的十年」（一九八六－一九九六年）使臺灣發生了巨大變革。原本看似堅不可摧的長期戒嚴體制及政治警察統治宣告瓦解，「萬年國會」亦全面改選。甚至連總統的產生方式，也改為由民眾直接投票選出。隱藏於「省籍矛盾」一詞背後的那股本省人對政治歧視的不滿情緒也已得到解消，取而代之的是臺灣國族主義的崛起，以及隨之而來的臺灣人國族認同問題的對立，對臺灣政治的影響愈來愈巨大。

另一方面，這也是臺灣之外的國際社會發生重大變化的十年。更確切地說，臺灣本身內部的變革，也正是因為受了外部變化的影響。

這段期間國際社會最大的變化，莫過於東歐社會主義陣營與蘇聯的解體，導致東西冷戰終結，並進一步加速了全球化趨勢。一九七〇年代美國與中國的和解，部分瓦解了亞洲地區的冷戰結構，而中國「改革開放」的成功，也進一步深化了亞太地區的相互依賴關係。然而在冷戰過後國際政治及經濟秩序快速轉變的背景下，臺灣政治菁英不得不在國際社會上尋求臺灣的新定位。自一九七〇年代末期開始的臺海局勢變化，也在這樣的情勢下進一步發展。

中國不僅與美國建交，而且推動「改革開放」，在這國策大轉向的期間，其對臺新政策的主要內容如第五章所述，包含以「三通」（通商、通郵、通航）促進兩岸交流，提議在「一國兩制」架構下實現國家統一，以及為了國家統一而呼籲「第三次國共合作」。

其中的「第三次國共合作」，已隨著臺灣民主化的發展而逐漸失去意義。中國在一九八九年天安門事件後政治改革遭受挫折，至今依舊維持舊有的政治體制。而臺灣的情況截然不同，臺灣的民主化發展，已使得國民黨無法單方面與共產黨談判來解決兩岸問題。「一國兩制」原本是中國為了統一臺灣而提出的構想，但最早被應用於香港主權回歸問題。

全世界都知道，中英兩國為了解決香港問題而公布的《中英聯合聲明》（一九八四年十二月）即納入了「一國兩制」原則。並於一九九七年七月，香港成為中華人民共和國第一個特別行政區。然而在已經實行民主化的臺灣，「一國兩制」在政治市場上並不受歡迎，因此中國不得不將精力放在先強迫臺灣承認「一個中國」原則，而非繼續討論統一的方式。

但如前文所述，另一個重要政策「三通」則取得了不錯的成效。國民黨政權面對中國的新政策，最初採取了「三不政策」（不妥協、不談判、不接觸），但這一政策從「不接觸」的部分開始迅速瓦解，使得蔣經國晚年不得不做出允許臺灣居民前往中國大陸探親的決定，實質上解除了赴中國大陸的禁令。

發生天安門事件之後，國際社會強烈譴責中國對民主運動的血腥鎮壓，中國的「改革開放」一度陷入停滯。但一九九二年鄧小平強力主張維持「改革開放」路線（即「南巡講話（南方談話）」）之後，迅速恢復了活力。中國自一九七〇年代末期國策轉向，逐漸加深對外經濟的依賴，已經不可能再回到毛澤東時代的鎖國政策。

一度衰退的兩岸經濟交流，也因次再度變得旺盛，臺商前往中國大陸的投資規模日益擴大，雙方的貿易量也超過臺灣政府原本設定的一〇％警戒線（參見圖表8-1、8-2）。因此李登輝不得不推動「南向政策」（一九九四年起），引導臺商轉向投資東協諸國，以及「戒急用忍」政策（一九九六年起），由政府出面限制大規模投資。隨著中美建交展開的鄧小平新政策，使臺灣海峽迅速從分裂之海變成通商之海。在全球化背景下日益深化的亞太地區經濟相互依賴關係，也進一步促進兩岸經濟結合。

圖表 8-1　臺灣對中國貿易額統計（單位：百萬美元）

期間	輸出	輸入	總額
1979	21.5	56.3	77.8
1980	235.0	76.2	311.2
1981	384.2	75.2	459.4
1982	194.5	84.0	278.5
1983	157.9	89.9	247.8
1984	425.5	127.8	553.3
1985	986.9	115.9	1,102.8
1986	811.3	144.2	955.5
1987	1,226.5	288.9	1,515.4
1988	2,242.2	478.7	2,720.9
1989	3,331.9	586.9	3,918.8
1990	4,394.6	765.4	5,160.0
1991	7,493.5	1,125.9	8,619.4
1992	10,547.6	1,119.0	11,666.6
1993	13,993.1	1,103.6	15,096.7
1994	16,022.5	1,858.7	17,881.2
1995	19,433.8	3,091.4	22,525.2
1996	20,727.3	3,059.8	23,787.1
1997	22,455.2	3,915.4	26,370.6
1998	19,840.9	4,110.5	23,951.4
1999	21,312.5	4,522.2	25,834.7
2000	25,029.5	6,223.3	31,252.8

註 1：1979—88 年的資料，是透過「香港海關統計」的間接貿易額。

註 2：1989 年以後的資料，為中華民國行政院大陸委員會的推估值。

表格內容／中華民國行政院大陸委員會，《兩岸經濟統計月報》，2001 年 1 月。

圖表 8-2　臺灣對中國投資金額統計（單位：百萬美元）

期間	中華民國經濟部核准核備資料			中華人民共和國國務院對外貿易經濟合作部發表資料				
	件數	金額	平均每件金額	項目	協議金額	平均每件金額	實際金額	資金到位率（%）
1991	237	174.16	0.73	3,446	2,783	0.81	844	30.33
1992	264	246.99	0.94	6,430	5,543	0.86	1,050	18.94
1993	1,262	1,140.37	0.90	10,948	9,965	0.91	3,139	31.50
	(8,067)	(2,028.05)	(0.25)					
1994	934	962.21	1.03	6,247	5,395	0.86	3,391	62.85
1995	490	1,092.71	2.23	4,778	5,777	1.21	3,162	54.73
1996	383	1,229.24	3.21	3,184	5,141	1.61	3,475	67.59
1997	728	1,614.54	2.22	3,014	2,814	0.93	3,289	116.88
	(7,997)	(2,719.77)	(0.34)					
1998	641	1,519.21	2.37	2,970	2,982	1.00	2,915	97.75
	(643)	(515.41)	(0.80)					
1999	488	1,252.78	2.57	2,499	3,374	1.35	2,599	77.01
2000	840	2,607.14	3.10	3,108	4,042	1.30	2,296	56.81
總計	22,974	17,102.58	0.74	46,624	47,816	1.03	26,160	54.71

註 1：1991 年「中華人民共和國國務院對外貿易經濟合作部發表資料」包含該年以前的資料。

註 2：1993、1997、1998 年的（ ）內數字為補辦申請許可案件。

表格內容／中華民國行政院大陸委員會，《兩岸經濟統計月報》，2001 年 1 月。

資料來源／臺灣資料來源為中華民國行政院經濟部投資審議委員會，中國資料來源為中華人民共和國國務院對外貿易經濟合作部。

《國家統一綱領》與「大陸政策」的形成

隨著臺灣海峽變成「通商之海」，自然也會出現大量人員、物品及資金流動的現象。同時也產生了婚姻、繼承、債務關係等海峽兩岸民間的民法權利問題，以及走私、偷渡、海盜行為、犯罪者逃亡甚至劫機等非常規交流及其衍生的糾紛。

儘管臺灣官方持續堅持「三不政策」，政府終究得在實務與行政上對這些問題進行處理。一九八八年夏天，國民黨召開第十三次全國代表大會之後，於中央常務委員會內設立了「大陸工作指導小組」，於行政院內設置「大陸工作會報」，並研擬《臺灣地區與大陸地區人民關係條例》作為處理事務性問題的法律依據。

然而當李登輝為了推動「憲政改革」而開始著手處理「動員戡亂時期」相關規定時，此一體制的問題隨之浮上檯面。根據「動員戡亂時期」的定義，中華民國政府是肩負鎮壓中共（叛亂團體）重責大任的正統政府。因此一旦廢除「動員戡亂時期」相關規定，勢必得重新定義臺灣現存政治實體的立場。

在此情勢下，李登輝於國是會議結束後的一九九〇年八月，表明將在總統府內設置跨黨派的「國家統一委員會」，作為制定大陸政策方針的機構。九月初，國民黨中常會通過此提案。十月七日，國家統一委員會正式成立並召開首次會議。

與此同時，行政與實務上的對應機制也逐漸完善。在行政院層級，廢止「大陸工作會報」，成立常設單位「大陸委員會」（十月十八日）。此外依循國是會議的共識，為了處理兩岸在實務方面的接觸與談判問題，成立了以民間團體形式運作的中介組織「海峽交流基金會」（海基會）（十一月二十日）。海基會董事長由臺灣財界重量級人物，同時也是國民黨中常委的辜振甫（一九一七—二〇〇五年）擔任。

國家統一委員會成立後，其下由專業人士成立委員會，負責起草大陸政策綱領。一九九一年二月二十三日，該委員會第三次會議通過了《國家統一綱領》，隨即獲得國民黨中常會及行政院會（相當於內閣會議）的核准，正式成為政府的政策綱領。

其主要內容可歸納為以下五點：

第一，統一的目標是「建立民主、自由、均富的中國」。

第二，中國只有一個，臺灣是中國的一部分，但目前分裂為相互對等的兩個「政治實體」。

第三，中國統一的時機與方式，必須「尊重臺灣地區人民的權益並維護其安全與福祉」。

第四，國家統一須經由「近程：交流互惠階段」、「中程：互信合作階段」、「長程：協商統一階段」三個階段達成，但不設定時間表。

第五，目前屬於「近程：交流互惠階段」，若要進入實現兩岸直接「三通」及雙方高層人士互訪的「中程：互信合作階段」，中國大陸方面必須達成以下條件：①明確宣布放棄使用武力作為解決雙方問題的手段；②承認臺灣為對等的政治實體；③不妨礙臺灣在國際社會的活動。

此政策綱領雖然主張「統一」，但同時強調優先考慮臺灣居民的權益，以及確保自身政權是與北京對等的「政治實體」，不難看出臺灣領導人為了凝聚內部共識所付出的心血。當時在國民黨內部，即便是李登輝推動的中道改革路線，也被仍具相當勢力的非主流派視為有「臺獨」的嫌疑。因此制定這份明確標榜「國家統一」的政策文件，也帶有向非主流派妥協以避免遭受抨擊的意味。然而另一方面，在國民黨外，民進黨在臺灣國族主義勢力高漲的推波助瀾下，立場日益激進化。李登輝曾邀請民進黨參與組成國家統一委員會，但民進黨拒絕以政黨名義任命委員，甚至在《國統綱領》發表後進一步反彈，將「公投臺獨」寫入黨綱。

兩岸接觸的發展

中國方面基於「一個中國」的立場，始終堅持原則性批判立場，將《國統綱領》所主張的「一個中國、兩個對等的政治實體」視為企圖製造「兩個中國」。但在交流方面，中國則表現出較為柔軟的態度。

自一九七九年中國方面倡議「三通」之後，中國便已在中央政府各部門及各級政府中設立對臺辦公室，以負責處理實務上的交流業務。隨著交流規模擴大，中國方面更在國務院內成立了臺灣事務辦公室，負責協調各部門及各級政府的對臺工作。最初中國方面對臺灣基於政治上的「三不政策」考量而設置的「中介團體」抱持否定態度，但後來改變了方針，於一九九一年十二月成立了「海峽兩岸關係協會」（海協會）作為海基會的對應機構。會長由一般認為與共產黨總書記江澤民關係良好的前上海市長汪道涵（一九一五—二〇〇五年）擔任，國務院臺灣事務辦公室副主任之一的唐樹備則被任命為常務副會長，負責實際主導兩岸相關事務。

臺灣的海基會在成立後立即派遣代表團前往大陸，與國務院臺灣事務辦公室等部門接洽。隨著海協會的成立，雙方進一步展開實務性接觸。到了一九九二年，已進入兩會祕書長及常務副會長級別的協商。一九九三年，兩會更在新加坡實現了第一次首腦會談（即所謂的「辜汪會談」或「汪辜會談」），並簽署了《兩岸公證書查證協議》、《兩岸掛號函件查詢補償事宜協議》等四項協議。

辜振甫、汪道涵兩人雖然皆為「民間人士」，但卻分別與兩岸最高政治領導人關係密切，因此這場會談的政治意義可說是非比尋常。事實上，到了一九九四年秋季，當李登輝在有關出席亞太經濟合作會議（ＡＰＥＣ）非正式高峰會的發言中，呼籲與江澤民在國際場合「自然對談」後，江澤民與李登輝之間便展開了一連串的政治對話。

首先在隔年（一九九五年）一月，江澤民提出了所謂的「江八點」，包含「在一個中國原則下結束兩岸敵對狀態」的談判等，並邀請李登輝訪問大陸。對此，李登輝制止了原本準備以「毫無新意」加以回應的大陸委員會，指示幕僚謹慎研議後，在四月藉由久未舉辦的國統會演說的方式，提出了所謂的「李六條」，其中包括「在海峽兩岸分裂分治的現實上追求中國統一」、「兩岸平等參與國際組織，雙方領導人藉此自然見面」等主張。

實際上雙方的隔閡依然相當大，能夠做到這樣的對話，仰賴的是雙方領導人之間的「密使」往來。根據李登輝卸任總統後所公開的資訊，自一九九〇年十二月左右（即《國統綱領》審議期間）至「李六條」提出之前，李登輝與江澤民之間即已透過擔任「密使」的幕僚進行直接溝通（鄒景雯《李登輝執政告白實錄》）。從「辜汪會談」到「李六條」，都是雙方領導人先透過密使進行溝通，在避免造成誤解的前提下做出的決策。

李登輝的積極外交

隨著前述的「憲政改革」，以及與之密切相關的「大陸政策」的調整，兩岸的接觸不再侷限於民間交流層面。然而另一方面，臺灣也開始展現積極的外交行動。當雙方持續展開超越民間層級的接觸與對話，將必然朝某種政治性的接觸乃至協商的方向推進。況且自鄧小平的「南巡講話（南方談話）」之後，兩岸的經貿關係更加緊密，中國經濟已經開始對臺灣自身的經濟結構造成衝擊。因此對於國際政治上明顯處於劣勢的臺灣來說，為了避免未來政治接觸或協商時處境更加惡化，必須積極在國際社會上提高自身的能見度。兩岸接觸的進展，實際上也伴隨著李登輝的積極外交所引發的兩岸「外交戰爭」。這段期間兩岸能夠相安無事，可說是仰賴李登輝與江澤民之間的密使溝通勉強支撐。

以下簡略地回顧此一過程。首先在一九九二年，臺灣在防衛外交方面取得重大突破。法國決定出售幻象戰機給臺灣，隨後美國布希政府亦決定出售一百五十架 F-16 戰機。這些重大成功使得推動「憲政改革」的李登輝政府信心倍增。自此之後，政府為了「外交」與「防衛」目的，推動民主化更是不遺餘力，而且開始大力向內外宣揚其改革成果。

一九九三年三月，臺灣在國會全面改選後，政權進一步本土化。李登輝政府宣布開始推動原本屬於民進黨外交政策核心的「加入聯合國」，並以九月的聯合國大會為目標，朝野攜手合作展開遊說。在聯合國內部，與中華民國有邦交關係的中南美國家試圖推動將「中華民國加入聯合國」列入大會議程，但不出所料地遭到中國反對，在議程審查委員會就遭否決。此後臺灣持續每年秋季展開「入聯運動」並一再遭中國封殺，直至今日。除此之外，臺灣亦積極爭取加入東協區域論壇（ARF，由東協外長會議設立的區域安全協商機構）同樣因中國的反對而未能實現。

此外，一九九三年秋季，行政院經濟部再度擬定引導臺商投資東協諸國的「南向政策」。這主要是為了因應中國「南巡講話（南方談話）」對兩岸經濟關係造成的衝擊。該年，臺灣對中國出口在出口總額中的比例首次超越政府設定的一〇%警戒線，對中國出口占總出口的比例也首次超過對東協各國出口的比例。在對外投資方面，自一九九二年起，對中國的投資額也超過了對東協的投資額。

李登輝為了配合經濟部的「南向政策」，利用一九九四年農曆新年假期前往菲律賓、印尼與泰國訪問。夫婦倆以「度假」名義，在菲律賓蘇比克灣（美軍基地舊址，當時正計畫合作開發為工業園區）與菲律賓總統羅慕斯（Fidel Valdez Ramos）會面；在印尼與科學技術部長哈比比（B. J. Habibie）打高爾夫球，並在峇里島與印尼總統蘇哈托（Suharto）會面。此外原定在泰國與總理會面，可惜受到中國壓力而取消，不過仍實現了與泰國國王會面。

同年五月，李登輝夫婦又訪問中美洲的尼加拉瓜與哥斯大黎加，以及非洲的南非與史瓦帝尼（原名「史瓦濟蘭」），行程跨越了兩個大陸。訪問南非是為了參加曼德拉總統的就職典禮。

除此之外，政府也致力於維繫及強化臺灣與邦交國之間的外交關係，並努力增加邦交國數量。事實上自一九七九年中美建交後，「中華民國」的邦交國曾一度減少至二十一個，此後一直維持在二十五至三十個左右。不過在這段期間裡，一九九〇年沙烏地阿拉伯、一九九二年韓國、一九九六年南非先後與臺灣斷交而與北京建交。蘇聯解體後誕生的新國家及東歐諸國，臺灣亦未能順利與之建立外交關係。

李登輝訪美

臺灣這種積極外交活動的頂點，即是一九九五年六月李登輝非正式訪問美國。令中國反應最為強烈的，正是臺灣與美國之間的關係。中國的激烈反應，引發了自一九五〇年代以來的第三次臺海危機。

華府當時對臺灣的民主化及其領導人李登輝抱持極大的好感，而臺灣朝野對美國國會議員及輿論領袖的遊說活動也獲得相當大的成功。一九九五年，美國國會內部邀請李登輝訪美的氣氛升高，五月初，美國眾議院及參議院先後以壓倒性多數通過決議，要求批准李登輝訪美。雖然該決議不具法律拘束力，卻給予柯林頓政府極大的政治壓力。同月二十二日，美國國務院突然宣布，允許李登輝總統以私人身分訪問康乃爾大學。據推測美國國務院應該不樂見這樣的事態，只是承受了來自白宮的壓力。國務院同時強調，李登輝訪美期間，不會與美國政府官員會晤，且此項決定並不會改變美國政府的中國政策及美臺關係。

此時的兩岸關係正如前述，雙方領導人才剛開始進行政治對話。是該選擇訪美，還是維持與江澤民政治對話的良好氣氛，這對李登輝而言是一個困難的抉擇，最終他選擇了訪美。因為他當時判斷，比起維持對話，更重要的是「讓國際社會知道『中華民國在臺灣』」。

六月七日，李登輝夫婦從臺灣啟程前往美國。考量到美國國務院忌憚中國的態度，此次李登輝的行程相當低調，未與政界人士會晤，也取消了原本計畫在康乃爾大學校園內舉行的記者會。然而全世界媒體都高度關注此行可能對中美及兩岸關係產生的影響，李登輝的一舉一動都受到矚目。六月九日下午（臺灣時間十日上午），李登輝的紀念演講透過電視轉播，成為他推銷「中華民國在臺灣」的最佳機會。

在這場題為「民之所欲，長在我心」(Always in My Heart) 的英語演講中，李登輝首先對戰後臺灣經濟發展過程中美國所提供的支援，以及美國民主理念對他個人所帶來的啟示（唯有民主才能促成社會的和平變遷）表達感謝之意。接著他將臺灣的經濟發展與和平民主化的經驗稱為「臺灣經驗」，強調具備此等輝煌成就的「中華民國在臺灣」，有意願且有能力對國際社會做出貢獻，因此國際社會應該更積極地接納臺灣。他更呼籲中國大陸領導人共同秉持「民之所欲，長在我心」的執政理念，重申自一九九四年秋季以來的主張，表示願意在「適當的國際場合」與包含江澤民在內的大陸領導人會晤。

或許是因為持續透過「密使」與江澤民接觸的關係，李登輝內心似乎認為自身的積極外交行動，與透過海基會、海協會實務接觸逐漸改善兩岸關係，這兩件事至少短期內還是可以並行不悖。然而自李登輝訪美歸國之後，局勢的發展超乎了他的預期。

中國的「文攻武嚇」

李登輝訪美的消息公布之後，中國最初反應相對溫和，但自六月起態度陡變，新華社連日刊載抨擊李登輝的文章。六月十六日，國務院臺灣事務辦公室宣布單方面中止原訂於北京舉行的「辜汪會談」，同時也中斷了海基會與海協會之間的事務性協商。

不僅如此，中國更在七月下旬與八月中旬於臺灣海峽發動大規模軍事演習，對臺灣進行武力威嚇。其中七月二十一日至二十四日的演習，在臺灣北方的公海水域試射了六枚M族地對地飛彈，日本等國的部分民航班機因此被迫更改航線。另一方面，中國官方媒體也展開了對李登輝個人的強烈抨擊。此類軍事演習威嚇及媒體攻擊，即臺灣社會所稱的「文攻武嚇」，持續到了一九九六年三月底。臺灣的歷史性「總統直選政局」，就在中國咄咄逼人的「文攻武嚇」陰影下，形成了海峽兩岸一邊是「飛彈」（missiles）、另一邊是「選票」（ballots）的鮮明對比。

舞臺上的新仇舊恨

臺灣政治體制的民主化，若以一九九二年的「萬年國會」終結作為第一階段，一九九四年臺灣省、臺北市及高雄市長選舉為第二階段，則第三階段即是總統直選的實施。

關於總統選舉的方式，李登輝於一九九三年壓制非主流派，掌握了黨內領導權並排除阻礙後，一九九四年七月召開的第二屆國民大會第四次臨時會便通過決議，自下一屆第九任總統（自一九九六年五月二十日起，任期四年）開始，實施正副總統直接選舉制度（正副總統候選人以搭檔方式參選，獲得相對多數選票者當選）。接著便敲定一九九五年十二月進行立法委員（三年任期）選舉（第二次改選），一九九六年三月舉行總統直選。

消息公布後，向來不肯屈服於李登輝之下的司法院長林洋港，立即宣布將辭職參選總統。此外，前臺灣大學教授彭明敏，也於一九九五年二月底加入民進黨，次月表態將爭取代表民進黨參選總統。彭明敏是李登輝的老友，因政府取消海外流亡人士返國禁令（「黑名單」），於一九九二年十一月返臺。一九九五年五月，民進黨決定模仿美國的黨內初選機制，為了選出黨內正副總統候選人而積極展開黨內選舉活動。在新黨陣營中，則以前財政部長王建煊作為新黨候選人的呼聲最高。

國民黨於八月二十二日、二十三日召開了第十四次全國代表大會第二次會議，決議以黨代表投票方式進行總統候選人的黨內初選。會議結束後，李登輝首次表態將出馬競選。

但另一方面，主張以全體黨員投票方式進行初選的林洋港，則宣布不會參與黨內初選。而在國民黨代表大會召開前夕，擔任中常委與監察院長等要職的陳履安（前行政院長兼副總統陳誠的長子，陳誠過去曾於蔣介石時期與蔣經國競爭政權第二把交椅的位置），突然宣布辭去監察院長職務及退出國民黨，自行參選總統。

八月三十一日，國民黨進行初選投票，李登輝以九一％的支持率當選國民黨總統候選人，隔天李登輝指定連戰為副總統候選人。未尋求國民黨提名的林洋港與退出國民黨的陳履安，則各自透過非政黨推薦的公民連署方式（需取得二十萬以上選民的簽名連署）取得參選資格。陳履安指定女性監察委員王清峰（本省籍）為副總統候選人，林洋港則在遭到幾位本省籍高聲望人士婉拒後，選擇郝柏村作為其副總統搭檔。新黨隨後放棄王建煊，轉而支持林郝配。

民進黨黨內初選的第一階段，由彭明敏與前黨主席許信良出線。七月十日至十月二十四日間，民進黨在全臺四十九個地點進行公民投票，結果由彭明敏獲勝。彭明敏接著指定臺北市立法委員謝長廷為副總統候選人。

與此同時，另一場重要的政治角力賽也正如火如荼地進行著。那就是在十二月二日舉行的立法委員選舉（因人口增加，席次較上屆一九九二年增加三席，成為一百六十四席）。新黨成績斐然，取得二十一席；民進黨僅增加與增額相當的席次，共得五十四席（改選前為五十席）；國民黨則減少九席，僅剩八十五席，成為立委勉強過半數的脆弱執政黨。

陳履安與林洋港的公民連署過程相當順利，一九九六年一月，兩人正式獲得參選資格。二月三日，四組正副總統候選人名單皆已底定。選戰自農曆新年假期結束後的二月二十四日正式開打。

兩個昔日好友，一個走進了黨國體制，一個公開反抗體制，長期流亡海外（李登輝與彭明敏）。兩個本省籍政治家，同樣受到蔣經國拔擢，卻成為競爭對手（李登輝與林洋港）。藉由蔣經國「本土化」政策站上權力頂峰的本省人，與過去在權力競爭中未能勝過蔣經國的第二把交椅之子（李登輝與陳履安）。以及在後蔣經國時代，為爭奪權力而激烈競爭的政敵（李登輝與郝柏村）。圍繞著李登輝這個性格豪爽的人物，臺灣戰後政治史上有著各種新仇舊恨的風雲人物齊聚舞臺，等待民意為他們之間的宿怨做出最終的裁決。

「飛彈」、「選票」與航空母艦

「總統直選政局」的最後一幕，「飛彈」（missiles）與「選票」（ballots）的對比可說是更加鮮明了。中國持續在臺灣海峽上進行名為「海峽九六一（聯合九六）」的一連串軍事演習，美國則派遣兩艘航空母艦進入臺灣海峽，試圖加以遏止。「第三次臺海危機」可說是一觸即發，雖然在這種局勢下，臺灣的選舉如期舉行。

三月五日清晨，中國軍方透過新華社宣布，自八日起至十五日止，將在臺灣東北方基隆外海與西南方高雄外海，進行飛彈發射訓練。實際上共軍於八日凌晨發射三枚飛彈，十三日凌晨再發射一枚，共計四枚飛彈，一枚落於基隆外海，三枚落於高雄外海，呈現包圍臺灣的姿態，第一波演習遂告結束。

第一波演習進行到第二天的三月九日，中國軍方再度透過新華社宣布，將自十二日起至二十日止，在臺灣海峽南端福建省東山島與廣東省南澳島外海海域，進行第二波海空實彈演習。十二日至十四日期間，中國出動戰鬥機、轟炸機與各型艦艇進行密集演練，但十五日以後因天候不佳，僅進行了小規模演習。

第二波演習進行期間的十五日傍晚，中國軍方透過新華社再次宣布，將在臺灣總統選舉投票日前後的三月十八日至二十五日，於包括福建省海壇島在內的臺灣海峽北部海域，進行為期八天的陸海空三軍聯合演習。但實際上，由於天候不佳，自十八日至二十日的第三波演習與第二波演習重疊期間，並未出現明顯的軍事活動，其後也未有顯著的動靜。

此次的「海峽九六一（聯合九六）」演習顯然演練的是三階段的攻臺行動。第一波以飛彈先發制人，攻擊臺灣的機場設施與雷達基地。第二波藉由空中作戰奪取制空權，並以艦艇封鎖臺灣本島及進行渡海作戰。第三波則是登陸臺灣的搶灘作戰。姑且不論這場軍事演習本身的實際效果如何，僅飛彈演習一項，不但讓臺灣感受到強烈威脅，也使東亞地區陷入高度緊張。

有鑑於中國在一九九五年七月飛彈演習時曾造成臺灣股市及匯市劇烈動盪的情況，臺灣政府提前設立了「二〇〇〇億元國安基金」，視狀況適時進場干預。這項措施有效降低了此次軍事威嚇的影響。例如前一年（一九九四年）七月中國飛彈演習公布後，隔日股市大跌二二九・一點，而此次三月五日僅下跌六二・五點。此外，也未出現民眾大量囤積生活物資導致物價上漲的現象。對於演習的資訊，國防部亦採取主動公開的方式。臺灣民眾雖處於不安之中，仍保持冷靜，生活未受影響，各候選人的總統選舉活動亦如常進行。

臺灣民眾得以保持平靜，除了上述臺灣政府汲取經驗提前做出適當應對之外，更重要的是美國為確保臺灣總統選舉和平進行，積極發揮了軍事遏制作用。

三月五日，中國發表第一波演習公告後，美國國防部長佩里（William James Perry）八日宣布，當時停靠馬尼拉的航空母艦「獨立號（USS Independence CV/CVA-62）」打擊群已於六日出港駛往臺灣附近海域，同時配備神盾系統的巡洋艦「碉堡山號（USS Bunker Hill, CG-52）」也部署在能夠監視中國飛彈演習的海域。此外，美國國防部還宣布，自橫須賀再增派驅逐艦加入，使「獨立號」打擊群增至七艘艦艇。

到了九日，中國宣布第二波演習計畫後，美國旋即決定將原部署於波斯灣的核子動力航空母艦「尼米茲號（USS Nimitz CVN-68）」調遣至臺灣海峽，並於十一日通知臺灣當局。尼米茲號打擊群還包含核子動力潛艦「樸次茅斯號(USS Portsmouth, SSN-707)」等八艘艦艇。

在此期間，中美之間仍維持溝通。美國國防部發言人十四日表示：「透過公開和非公開的中美對話，美方已獲中國保證，不會對臺灣採取任何軍事行動。」原本中國官方媒體持續發布的反美航母報導，至二十一日之後忽然絕口不提，二十二日中國更宣布取消三軍聯合演習。

中國此番武力威嚇的主要目的，在於強烈警告美國及國際社會不得向民主化臺灣表現出進一步的干涉意圖（這部分確實發揮了效果）。而在兩岸關係內部，中國則意圖打擊其所認定「謀獨」的李登輝。這點從中國官媒自七月以來，始終將砲火集中於攻擊李登輝個人即可明白看出。

然而這部分顯然起了反效果。當危機順利解除，對現任總統而言反而有利。李登輝三月六日在嘉義縣的造勢活動中強硬表示：「沒有什麼好害怕的，中共沒有辦法也沒有能力攻打臺灣。」李登輝的頑強性格，當時想必在不少選民心中塑造出了值得依靠的形象。儘管林洋港等人強烈抨擊李登輝的做法及強硬言行，卻完全未能撼動選情。至於彭明敏陣營，在面對民進黨支持者內心的「李登輝情結」（李登輝是第一個當上總統的臺灣人，所以特別支持他）時，沒有辦法有效阻止這種情感的進一步發酵。

臺灣史上第一次總統直選，就在對李登輝有利的局勢下，迎來了三月二十三日的投票日。最終開票結果為李登輝得票率五四・〇％，彭明敏二一・一％，林洋港一四・九％，陳履安九・九八％，投票率七六・〇％。李登輝以超過國民黨自身預期的得票率大獲全勝。當日晚間八時許，李登輝現身臺北市的競選總部發表勝選感言，驕傲地表示：「民主的大門，終於在臺澎金馬地區（『中華民國』實質統治區域）完全打開。」

第九章

「中華民國第二共和制」的啟航

「中華民國第二共和制」與在變動中躊躇的國族認同意識

正如同李登輝在臺灣首次總統直選後驕傲地宣布「民主的大門完全打開」，從這一刻起，臺灣建立起了一套下至基層的鄉鎮市，上至國會及總統、副總統，所有的行政首長與民意代表皆透過民主選舉產生的政治制度。在中國大陸東南方、日本南方海域上，一個具備民主體制的島國誕生了。臺灣的選民無一例外地參與了從基層鄉鎮到國政層級的選舉，形成了一個「選舉共同體」。

政治體制的民主化所帶來的政治變化，並非只有政治制度的改革。不管是手段還是結果，民主化可以說徹底改變了臺灣的國家性質。臺灣的民主化過程，雖然是以《中華民國憲法》為前提的「憲政改革」形式，但為了推動民主化，政府首先廢除了《動員戡亂時期臨時條款》，亦即終止國家體制中的「內戰狀態」，接著由「中華民國」實際統治區域內的選民，進行國會及總統、副總統的直選，民主體制才得以建立。在臺灣的「中華民國」雖然曾自稱「全中國唯一合法政權」，但前述的民主化過程，完全沒有徵詢過中國大陸的民意。

因此「中華民國」政權的正當性，已不再來自於中國近代革命史中的國民黨政權的「法統」，而是建立在「中華民國」政府於實際統治區域內，定期舉行民主選舉所呈現出的民意基礎上。

「內戰狀態」的終止，並非意味著中華民國回歸到最初的狀態。早在「中華民國」進入臺灣之際，國家體制便已因《動員戡亂時期臨時條款》而處於「內戰狀態」，實質統治領土遠小於制定憲法時的領土。

那麼，戰後以臺灣作為國家的「中華民國」，經過了民主化後，變成什麼樣的面貌？在民主化過程中崛起的臺灣國族主義，所追求的是「臺灣共和國」，但「臺灣共和國」並沒有出現，臺灣這個國家的名稱仍然是「中華民國」，國旗與國歌也未更動，《中華民國憲法》本文更是以「一個中國」為前提。即便如此，現在的「中華民國」已不再是過去的「中華民國」。

或許我們可以說，歷經民主化的「中華民國」，已經形成了「中華民國第二共和制」。「第n共和制」這種稱呼，通常用於描述國民對國家的基本認同並未改變，但基於政變等因素使得憲法被大幅修改，國家體制出現重大轉變的情況。最常見的例子，是法國大革命後的法國，以及戰後的韓國政治史上的巨變。

「中華民國」原本是在清朝因辛亥革命而瓦解後，在一九一二年於中國大陸成立的國家。當時臺灣仍在日本殖民統治之下。其後「中華民國」歷經革命、政變等紛紛擾擾，統治主體數度更迭，不斷有憲法或相當於憲法的法令被制定出來。

因此若從一九一二年算起，絕對不止「第二」這個數字。但就本書敘述臺灣史的觀點而言，以戰後在臺灣作為一個國家的「中華民國」所經歷的變化來說，稱之為「第二共和制」應屬適當。

隨著「中華民國」進入「第二共和制」，政權的正統性基礎是建立在藉由民主選舉所呈現的「臺澎金馬」的民意上，這些區域內的居民再度被納入新的「中華民國第二共和制」的「選舉共同體」中。不過，這個「選舉共同體」能否進一步凝聚，成為一個足以稱之為國族（nation）的政治文化共同體，目前仍屬未知數。儘管追求此一目標的意識形態逐漸崛起，而國民黨主張的中國國族主義則明顯衰退，但新興的臺灣國族主義是否已成為主流，尚難以定論。

在此情勢下，臺灣為了鞏固「中華民國第二共和制」內居民的國族認同意識，已展開後述的新國民統合政策，但至少在二十一世紀初期，仍處於「在變動中躊躇」的狀態（參見圖表9-1、9-2、9-3）。

臺灣海峽的安全問題再度成為焦點

臺灣的首次總統直選博得了國際社會的喝采，被視為實現了民主化最後階段，李登輝在選舉中大獲全勝，其內外聲望可說是水漲船高。然而「中華民國第二共和制」的啟航，不論於內於外，都充滿了不安的要素。

中國最不樂見的並非臺灣的民主化本身，而是民主化所帶來的自主性提升，由此引發了第三次臺海危機。這場危機正如同北韓疑似研發核武而引發的朝鮮半島危機一樣，清楚顯示出臺灣海峽存在著可能引發重大軍事衝突的潛在危險因子。

國際社會對此局勢發展的最顯著反應，便是美日兩國政府共同推動的「美日安保再定義」。臺灣總統選舉結束後的隔月，即一九九六年四月，美國總統柯林頓訪問日本，與日本首相橋本龍太郎會談，雙方簽署名為《美日安全保障聯合聲明：面向21世紀的聯盟》

之共同聲明。

聲明中指出從冷戰後的亞太地區需要美日同盟來維持穩定，強調應在「日本周邊地區的緊急事態（周邊事態）」中強化美日合作，日本並承諾將重新檢視《美日防衛合作指針》（一九七八年內閣會議通過）。該「指針」的重新檢視於一九九七年九月完成，日本政府進一步推動「指針相關法案」的立法工作，並於一九九九年五月通過《周邊事態法》。

這項美日安保的「再定義」，或者可以稱之為實質上的修改，表面上是為了因應朝鮮半島可能發生的突發事件，實際上也為第三次臺海危機突顯出的兩岸潛在軍事衝突威脅預做準備，甚至可以說是為了因應地緣關係內軍事影響力逐年增強的中國所做出水下布局。中國政府主張美日若將臺灣海峽納入「周邊事態」範圍內，是對中國內政的嚴重干涉，要求日本政府公開表態排除臺灣海峽，但日本政府始終以「周邊事態」並非地理概念為由，拒絕明確表態，最終通過了《周邊事態法》。到了二〇〇一年，小泉內閣誕生後，更出現了重新檢討過去日本政府認定「依國際法可擁有但不可行使」的「集體自衛權」（當他國遭受攻擊而威脅本國安全時，雖然不是本國直接遭受攻擊，同樣可視為對本國的攻擊而進

圖表 9-1　臺灣民眾的國族認同意識：1992-2000 (%)

		中國統一 (A)			
		贊成	沒有意見	反對	合計
臺灣獨立 (B)	贊成	II		I	
		311 (25.0)	29 (2.3)	116 (9.3)	456 (36.7)
		341 (25.4)	27 (2.0)	138 (10.3)	506 (37.7)
		540 (38.8)	38 (2.7)	296 (21.3)	874 (62.8)
		637 (36.0)	83 (4.7)	396 (22.4)	1,116 (63.2)
		485 (34.4)	35 (2.5)	338 (24.0)	858 (60.9)
	沒有意見	45 (3.6)	82 (6.6)	12 (1.0)	139 (11.2)
		54 (4.0)	267 (19.9)	18 (1.3)	339 (25.2)
		46 (3.3)	173 (12.3)	9 (1.4)	228 (17.1)
		66 (3.7)	133 (7.5)	26 (1.5)	225 (12.7)
		33 (2.3)	127 (9.0)	8 (0.6)	168 (11.9)
	反對	III			
		472 (38.0)	39 (3.1)	137 (11.0)	648 (52.1)
		371 (27.6)	27 (2.0)	100 (7.4)	498 (37.1)
		235 (16.9)	5 (0.4)	40 (2.9)	280 (20.1)
		297 (16.8)	27 (1.5)	102 (5.8)	426 (24.1)
		272 (19.3)	18 (1.3)	93 (6.6)	383 (27.2)
	合計	828 (66.6)	150 (12.1)	265 (21.3)	1,243 (100.0)
		766 (57.0)	321 (23.9)	256 (19.1)	1,343 (100.0)
		821 (59.0)	216 (15.6)	355 (25.5)	1,392 (100.0)
		1,000 (56.6)	243 (13.8)	524 (29.7)	1,767 (100.0)
		790 (56.1)	180 (12.8)	439 (31.2)	1,409 (100.0)

註 1：「I」類為臺灣國族主義者、「II」類為務實主義者、「III」類為中國國族主義者。

註 2：在（A）「如果臺灣與中國之間在經濟、社會及政治等條件上已無差異，則應該與中國統一」，以及（B）「如果臺灣獨立也能保持和平，則應該獨立」的兩個問題當中，若反對（A）且贊成（B）的為「I」類即臺灣國族主義者，若同時贊成（A）與（B）的為「II」類即務實主義者，若贊成（A）且反對（B）的為「III」類即中國國族主義者。

資料來源 1／吳乃德、沈筱綺，〈文化族群與公民國族：臺灣民族形成的兩條路徑〉，收入東吳大學主辦「全球化的挑戰與臺灣社會」研討會論文，臺北，2000 年。

資料來源 2／「社會變遷基本調查」（國家科學委員會研究計畫）歷年調查，各項調查時期由上而下依序為 1992 年 2 月、1994 年 2 月、1996 年 5 月、1998 年 7 月、2000 年 8 月。

行反擊的權利）的聲浪。

在此局勢之下，兩岸展開了一場軍事競賽。中國加速擴增瞄準臺灣的飛彈，根據美國方面的報導，到二〇〇五年中國將在福建省及其周邊的軍事基地部署達到五百枚以上。臺灣方面則向美國請求合作建置以神盾艦為主的飛彈防禦系統，以因應中國的威脅。柯林頓政府提供了改良型愛國者飛彈，使臺灣擁有初步的飛彈防禦系統。美國國會並於一九九九年十月提出《台灣安全加強法案》，該法案若通過，將形同美臺締結軍事同盟。此法案於二〇〇〇年三月在眾議院通過，但未在參議院表決，最終廢案。二〇〇一年四月，新上任的布希政府雖然拒絕出售神盾艦，但決定向臺灣提供包括四艘九千噸級驅逐艦的先進武器，進一步強化臺灣的飛彈防禦系統。

臺灣省的「凍結」

不管是一九九四年李登輝與司馬遼太郎那篇引發內外輿論爭議的對談，還是李登輝的其他論述紀錄，我們不難發現李登輝屢屢想要表達他對臺灣有著一種使命感。由這一點來

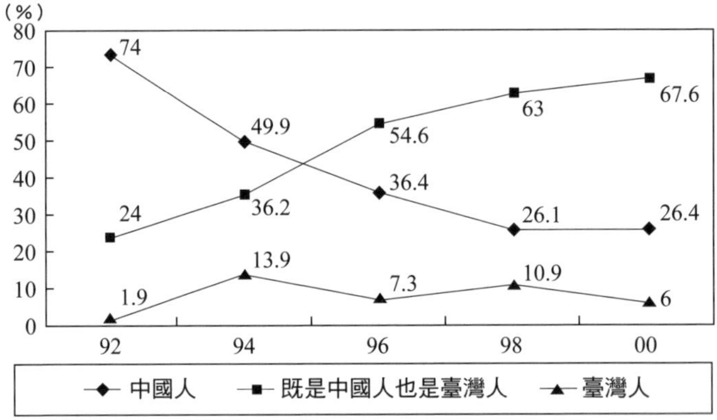

圖表 9-2-1　外省人對族群認同的自我意識

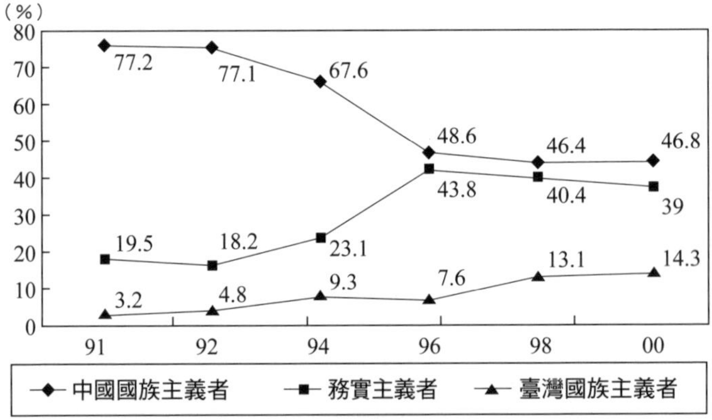

註：中國國族主義者、務實主義者、臺灣國族主義者的定義，同圖表 9-1。

資料來源 1／吳乃德、沈筱綺，〈文化族群與公民國族：臺灣民族形成的兩條路徑〉，收入東吳大學主辦「全球化的挑戰與臺灣社會」研討會論文，臺北，1998 年。

資料來源 2／「社會變遷基本調查」（國家科學委員會研究計畫）歷年調查

圖表 9-2-2　外省人的國族認同意識

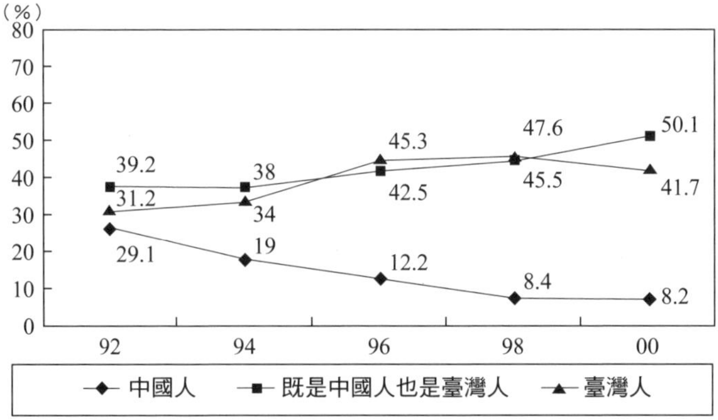

圖表 9-3-1　本省人對族群認同的自我意識

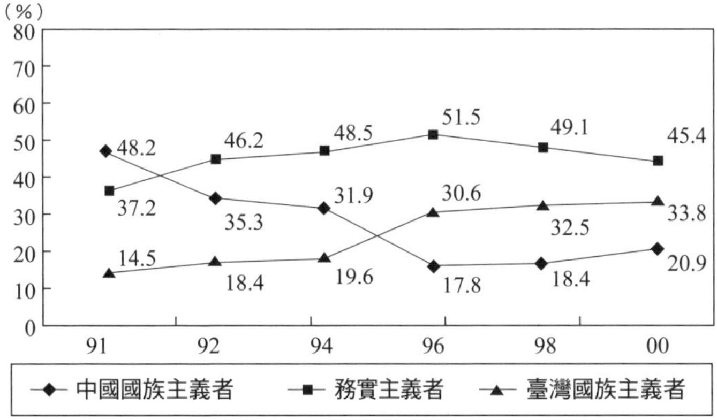

註：中國國族主義者、務實主義者、臺灣國族主義者的定義，同圖表 9-1。

資料來源 1／吳乃德、沈筱綺，〈文化族群與公民國族：臺灣民族形成的兩條路徑〉，收入東吳大學主辦「全球化的挑戰與臺灣社會」研討會論文，臺北，1998 年。

資料來源 2／「社會變遷基本調查」（國家科學委員會研究計畫）歷年調查

圖表 9-3-2　本省人的國族認同意識

研判，在一九九六年大致形成的「中華民國第二共和制」這種「國家型態」，應該無法讓李登輝感到滿意。另一個最好的證明，就是李登輝在身為民選總統的四年期間，推動的政策都帶有一種急迫感。

一九九六年底，李登輝召開了跨黨派的「國家發展會議」。此會議仿效一九九〇年的「國是會議」，旨在透過進一步的修憲，凝聚改革的共識。但由於當初與總統選舉同時舉行的國民大會代表選舉中，民進黨已獲得超過四分之一席次，足以阻擋國民黨修憲，因此這場「國家發展會議」便成為了國民黨與民進黨協商妥協的政治秀場。

會議上達成了幾項重要政治改革的共識，包括臺灣省的「凍結」（停止臺灣省長及省議會的選舉，省政府的中央直轄化及精簡化）以及調整總統、行政院長與立法院之間的權力關係。「凍省」的表面理由是「提升行政效率」，但實際上應是考量到一九九七年七月一日香港主權將歸還中國，臺灣政府為突顯自身與香港的不同，因此想要在「國家結構」上明確表示臺灣並非中華人民共和國的一省。不過這麼一來，「民選省長」這個極具吸引力的政治職位也跟著消失了，過去被視為利益政治大本營的省議會議員的政治權益也將不復存在。

因此隔年（一九九七年）五月起召開的國民大會，可說是陷入一片混亂。在第一屆民選省長宋楚瑜的帶頭下，省政府與省議會聯手反對「凍省」。最後雖然勉強通過了臺灣省的「凍結」，但原本期望作為國會改革起點的凍結國代選舉，以及原本期待能有助於遏止「黑金政治」（指政府單位遭黑道分子滲透與金權政治，這個現象愈是地方基層單位愈嚴重）的廢除鄉鎮長選舉，全都落了空。而且為了化解省議會的抗議聲浪，立法院增加了與原省議會議員人數相同的席次（共二百二十五席）。另一方面，「凍省」的決定也導致李登輝與宋楚瑜之間的政治決裂。這項決裂，奠定了二〇〇〇年總統選舉的政治基調。

關於總統、行政院長與立法院之間的關係調整，修改後的新制度取消立法院對總統任命行政院長的否決權，但賦予立法院對行政院長的不信任權，而總統則擁有立法院的解散權。但總統的解散權屬於被動性質，僅限於立法院通過行政院長的不信任案之後。臺灣的政治制度由此變成類似法國的「半總統制」，但總統選舉採絕對多數制的提案遭否決，仍維持相對多數制。這個制度後來成為民進黨組成少數派政府及之後政局混亂的制度性根源。

此外，原本扭曲的國會選舉制度（複數選區與政黨比例代表並行制，選區選票直接換算成政黨比例代表選票）也未能改善。由威權體制時期的執政黨主導民主化的「臺灣式民主化」，由於過程溫和而漸進，社會成本低廉，李登輝自詡為「寧靜革命」，但另一方面，這種漸進式改革也會產生排斥進一步改革的既得利益包袱，使合理的制度選擇變得困難。

一九九八年選舉與政治菁英的重組

除了前述政治制度的變革，李登輝並表明自己不會參選下一屆總統選舉。一九九八年底，臺灣就在此政治前提下，進行了第三屆立法委員改選，以及臺北市長、高雄市長選舉。

根據李登輝後來的回顧，一九九六年總統選舉剛結束，宋楚瑜旋即前來拜會，表明希望在新政府中獲得行政院長職位。不久後，總統選舉時擔任競選總幹事的蕭萬長，也表達了相同的意願（《李登輝執政告白實錄》）。這意味著國民黨內的「中生代」重要人物，打從李登輝當選的那一刻起，就已經把目標放在「後李登輝時代」的權力競爭上。李登輝由於年齡偏高，且在舊制時期已任職總統八年，實在很難「再選一次」，而且也無法有效掌控「中生代」的競爭關係。李登輝原本栽培連戰作為自己的接班人，讓他歷任外交部長、臺灣省長、行政院長、副總統等職務，但連戰當時的實力還不足以從競爭中脫穎而出。

連戰卸任行政院長後，一九九七年八月由蕭萬長接任，而宋楚瑜則因臺灣省「凍結」問題與李登輝決裂。一九九八年十二月，臺灣省正式實施「凍結」，宋楚瑜被迫失去官職下野。此後宋楚瑜身邊逐漸凝聚他在省長任內培養出的本省籍地方勢力，以及自一九九六年後因新黨內部爭鬥不斷而對新黨失望的外省籍勢力。到了隔年（一九九九年），宋楚瑜逐漸展現出馬角逐總統的態勢。

一九九八年年底選舉的社會關注焦點，是尋求連任的民進黨臺北市長陳水扁。李登輝未能在這場選舉中推出理想中的國民黨候選人。陳水扁擔任臺北市長期間政績獲得高度肯定，加上一九九七年秋季縣市長選舉中，他積極助選且成果斐然，如今儼然成為民進黨眼中的「超級明星」。就在國民黨中央屬意人選接連辭退，全黨陷入混亂之際，外省籍的馬英九（歷任大陸委員會主委、法務部長等）被擁立為候選人。馬英九雖非李登輝愛將，但在國民黨內形象最溫和且受廣大民眾喜愛，李登輝只得勉強支持他，並如宋楚瑜省長選舉時一樣，稱他是「新臺灣人」。

結果新黨多數支持者轉而支持馬英九，而李登輝的「新臺灣人」言論也有效防止了本省票的大量流失，最終由馬英九當選臺北市長。選舉結束之後，民進黨的「超級明星」陳水扁也跟宋楚瑜一樣失去了公職。落選當天晚上，就已有民進黨支持者高喊「陳總統」。換句話說，陳水扁與宋楚瑜幾乎是在同一時期，踏上了二〇〇〇年總統大選之路。

同樣在一九九八年十二月舉行的立法委員選舉，席次總數因前述原因增至二百二十五席。民進黨一時之間無法推舉足夠的候選人，儘管國民黨的得票率已呈長期下降趨勢，但仍獲得遠超過半數的席次，這也埋下了陳水扁日後成立少數派政府並引發政局混亂的伏筆。

「三不政策」與「兩國論」

第三次臺海危機之後，美國雖然如前所述，協助臺灣強化飛彈防禦能力，但柯林頓政府不願因「臺灣問題」而損害中美兩國交情，轉而致力於修補中美關係。一九九七年秋季，柯林頓邀請中國國家主席江澤民訪美，並聲稱中美兩國為「戰略夥伴關係」。隔年（一九九八年）六月柯林頓訪中，利用非正式發言的形式表明美國政府的臺灣政策為：「不支持一中一臺及兩個中國，不支持臺獨，不支持臺灣以國家為單位加入國際組織」，即所謂的「柯林頓三不政策」。同時美國積極推動海峽兩岸重啟因臺海危機而中斷的交流團體領袖（臺灣海基會董事長辜振甫、中國海協會會長汪道涵）的對話。

在此背景之下，一九九八年十月，辜振甫訪問中國，終於算是實現了兩岸領袖的會談。辜振甫除了在上海與汪道涵會談外，更在北京與江澤民會談。辜振甫與汪道涵會談時，雙方同意下一次會面將由汪道涵訪問臺灣作為回禮。

然而柯林頓的「三不政策」以及來自中國的政治談判壓力，使臺灣方面產生了美國明顯偏向中國的強烈危機意識，並引發了激烈反應。一九九九年七月，李登輝接受德國廣播電臺訪問時表示，臺灣經歷民主化之後，與中國的關係至少已是特殊的國與國的關係，絕非「合法政府與叛亂團體」或「中央政府與地方政府」那種「一個中國」的內部關係。他清楚拒絕了以中國內戰的延續為前提的政治對話或協商立場。這項發言被臺灣媒體稱為

「兩國論」。

緊接著，李登輝又於同年十月，在美國《外交事務》（Foreign Affairs）期刊上發表文章，重申「特殊的國與國關係」論述，並指出臺灣已「透過投票箱（民主選舉）的力量形成了新的國族認同」，這可以說是針對「中華民國第二共和制」的國族認同作出了更進一步的聲明。在李登輝執政期間，一九九四年決定修改國中課程，新增了「認識臺灣」科目，並在一九九七年試行後，自一九九八年起正式實施。此外亦在二〇〇〇年一月決定自下個學年度起，將國小每週一至二小時的母語教育改為必修課程。雖然做得不夠徹底，但可看出「中華民國第二共和制」的新國民統合政策早已啟動，而「新國族認同」的主張對李登輝而言不過是在這些政策的延長線上。

中國對「兩國論」的反應當然相當激烈，除了在香港散布即將於臺灣海峽進行軍事演習的謠言，向臺灣施壓，要求撤回李登輝的發言之外，也讓汪道涵的訪臺計畫產生了變數。中國方面的強硬發言，一直持續到臺灣九月二十一日發生大地震為止，緊張局勢再度升溫。美國政府一方面要求中國自制，一方面也對李登輝未事先與美方商量即發表「兩國論」感到不滿。

臺灣內部輿論對「兩國論」的支持度甚高，根據發言後不久進行的各項民調顯示，支持率高達六成至七成以上。八月國民黨全代會將「兩國論」主旨列入黨綱，部分國民大會代表甚至打算在當時召開的國民大會上，將「兩國論」納入憲法修正條文，但由於李登輝顧慮美國政府的反應，最後不了了之。

然而柯林頓政府在臺灣問題上偏向中國的態度，引起了對中國高度警戒的美國國會強烈反彈，前述的《台灣安全加強法案》即是在此政治脈絡下提出。

二〇〇〇年總統選舉與政權輪替

就在這樣的內外情勢之下，早在一九九九年春天，政治菁英就已為了二〇〇〇年三月的總統選舉，而展開了實質上的激烈競爭。

本次選舉的焦點，是「大陸政策」與政治改革。民進黨高層自第一屆總統選舉前後，即不斷嘗試化解民眾對其「臺灣獨立」主張的疑慮。一九九六年九月，時任民進黨主席的施明德主張「民進黨就算執政也無需宣布臺灣獨立」。民進黨總統候選人彭明敏則表示「臺灣已經獨立數十年，支持維持現狀就是支持臺獨。統一才是改變現狀」。到了一九九九年四月，陳水扁先發言稱「臺灣與中國是兩個互不隸屬的華人國家」，承認臺灣文化上的「中國性」，後來又稱「臺灣已經是主權獨立的國家，國號叫做中華民國」。

隔月，民進黨召開推舉陳水扁為總統候選人的黨代表大會，通過《台灣前途決議文》，表明了與「中華民國」的歷史性妥協，稱「臺灣，固然依目前憲法稱為中華民國，但與中華人民共和國互不隸屬」、「任何有關獨立現狀的更動，都必須經由臺灣全體住民以公民投票的方式決定」。此處所稱之「中華民國」，指的自然是本書所稱「憲政改革」後的「中華民國第二共和制」。

因此，自一九八〇年代後期以來一直左右臺灣民主選舉的「統獨問題」，這次直到選戰最後階段都未成為主要爭議點。獲得較多外省人支持的宋楚瑜也只是批評李登輝的兩岸言論不夠謹慎，各候選人皆不敢正面駁斥受到輿論支持的「特殊國與國關係」，只是基於兩岸雙方皆有望加入世界貿易組織（WTO），呼籲兩岸關係應正常化。連戰更強調的是自己作為執政黨候選人的穩定感。

跨過了年頭，到了二〇〇〇年二月下旬，中國政府發布名為《一個中國的原則與台灣問題》的臺灣政策白皮書，聲稱「如果臺灣當局無限期地拒絕通過談判和平解決兩岸統一問題，中國政府只能被迫采取一切可能的斷然措施、包括使用武力」。中國擺出強硬態度，試圖牽制其所認定的「分裂傾向」，三名候選人皆強烈反擊，美國政府與國會亦表態不滿。

政治改革方面的議題核心，是如何革除前述的「黑金政治」。陳水扁主張「只有政黨輪替才能終結黑金」，宋楚瑜則強調自己擔任省長期間的政績，自詡為「政治清流」，但國民黨於一九九九年十二月初揭露宋楚瑜擔任國民黨祕書長期間的金錢醜聞，導致他自初春以來一直維持的高聲望大受打擊。然而這起風波，最後也反彈至國民黨身上，間接拉抬了陳水扁的聲勢。隔年（二〇〇〇年）二月初，國民黨於行政院會議緊急通過「三大陽光法案」（《政黨法》、《政治獻金管理條例》、《請願法》）的草案。

從民調資料來看，選情原本由宋楚瑜大幅領先，但宋楚瑜因前述金錢醜聞而遭受重創，一九九九年十二月中旬起完全陷入三強混戰局面。在此期間，陳水扁獲得返臺擔任中研院院長而博得高聲望的諾貝爾化學獎得主李遠哲支持，使其逐漸從混戰中脫穎而出。中國見情勢不對，在選舉投票日前夕的三月十五日，總理朱鎔基特地在記者會上提出警告：

「臺獨勢力若當選即意味著戰爭，臺灣人民應做出明智的選擇。」此言論當天即透過電視傳遍臺灣。中國領導人這種宛如直接對臺灣選舉結果行使否決權的言論，使選舉最後階段瀰漫一股異常的緊張氛圍。

就在這緊繃局勢下，三月十八日，歷經長達一年多的選戰，選民做出了最終判斷。陳水扁以三九．三〇%的得票率，險勝宋楚瑜（三七．四七%）當選總統（參見圖表7-1）。國民黨提名的連戰僅得票二三．一〇%，可以說是徹底敗北。陳水扁在中、南部勝出，宋楚瑜則在北部與東部領先。宋楚瑜在這些地區吸引了外省人、原住民的大部分選票，以及客家票的多數支持。陳水扁則在幾乎全為福佬人的「臺灣意識大本營」中南部大獲全勝，這些也是對朱鎔基的發言反彈最強烈的地區；而在北部，因為李遠哲效應，陳水扁輸給宋楚瑜的票數沒有原本預期的那麼多，所以最後陳水扁以些微差距贏了宋楚瑜。至於連戰，則是選票遭宋楚瑜與陳水扁瓜分而大敗。

從選戰的強度來看，若將陳水扁與宋楚瑜比喻為「老虎」，則連戰只是一個「凡人」。當然李登輝也是「老虎」，而且他在選舉後半段親自登臺助選，足跡遍及全臺，但「老虎」要幫助「凡人」，終究使不上力。自二戰後在臺灣長年掌握政權的國民黨終於落敗，實現了政權輪替。

連戰慘敗的消息在三月十八日午夜傳開後，有群眾將敗選原因歸咎於李登輝暗中支持陳水扁，因此聚集在國民黨中央黨部外，要求李登輝立即辭去黨主席職位。隔天早上，甚至還有民眾對前來開會的黨幹部座車丟擲石塊。事實上自從進入二〇〇〇年之後，就有一群疑似與李登輝關係匪淺的經濟界人士，因為不滿連戰周圍出現要求李登輝提早辭去黨主席職位的聲音，因此明確表態支持陳水扁。儘管李登輝在選戰後半段連續多日親自上街頭助選，仍然無法消除李登輝實際上支持陳水扁的流言。

聚集的群眾隔天仍未散去，李登輝在聽了二十一日連戰前來探訪時表達的「（辭黨主席）愈快愈好」的意見後，決定辭去黨主席職務，並於二十四日召開的中央常務委員會上正式辭職，由連戰擔任代理主席（《李登輝執政告白實錄》）。李登輝至此也與自己一手提拔的「中生代」徹底決裂。

宋楚瑜雖然小輸陳水扁，但得票率遠高於連戰，他於選舉當天即決定籌組新政黨，並於三月三十一日成立親民黨。最終加入親民黨的立法委員共計十九名，大多是臺灣省議會議員出身，或原新黨籍議員等。

陳水扁政權下的政局亂象

在戲劇性的政權輪替後誕生的陳水扁政府，在兩方面都是少數派。第一，陳水扁自身得票率未達四〇％，且只以些微差距領先宋楚瑜。第二，執政黨民進黨在立法院內的人數也距離過半數非常遙遠。加上民進黨毫無執政經驗，一旦出現容易引發朝野爭議的事件，必然導致政局混亂。

陳水扁在國民黨拒絕以政黨立場提供協助的情況下，任命了有軍人背景（空軍出身）的國民黨籍人士唐飛擔任行政院長，財政、經濟等部會也多起用以個人身分加入內閣團隊的國民黨籍人士，打著「全民政府」的口號開始執政。

陳水扁是民進黨的候選人，而民進黨是將「臺灣獨立」寫入黨綱中的政黨。如今在中國高度警戒下當選，國內外都擔憂臺海的緊張情勢是否會再度升高。陳水扁在就職前表示，就職演說中的兩岸政策方針將會是讓「美國滿意、國際社會肯定、中國即使不滿，也找不到藉口行使武力」的內容。正如他所言，在二〇〇〇年五月二十日的就職演說中，他提出了所謂的「四不一沒有」（不會宣布獨立，不會更改國號，不會推動兩國論入憲，不會推動改變現狀的統獨公投，也沒有廢除國統綱領與國統會的問題），並對中國在過去一百年間所遭受的帝國主義侵略表達同情。至於中國所要求承諾的「一個中國」原則，陳水扁則表示願意「共同來處理未來『一個中國』的問題」。美國總統柯林頓稱讚此演說展現「負責任的態度」，北京方面雖然仍不斷要求承諾「一個中國」原則，但也保持靜觀態勢，並沒有持續進逼，政權輪替所引發的臺海緊張局勢因而未再升高。

然而，「全民政府」的功用僅止於此。民進黨的立場向來是反對核能發電，陳水扁競選總統時，也承諾停建興建中的第四核電廠。但國民黨身為過去的執政黨，在立場上支持建設核四，唐飛亦表明過支持。到了秋天編列預算時期，民進黨與唐飛的立場漸行漸遠，十月初唐飛提出辭呈，由民進黨籍的總統府祕書長張俊雄接任。

這麼一來，陳水扁政府雖然閣員中仍有一部分國民黨籍人士，但實質上已是徹徹底底的少數派政府。然而在核電問題上，政府並未採取妥協方針，行政院長張俊雄甚至在十月下旬的行政院會議上決定停建第四核電廠。此舉激怒了在野黨，特別是國民黨。於是國民黨與親民黨合作，開始推動罷免正副總統的連署，向陳水扁施壓。

在野黨掌握立法院過半數席次，隨時可對張俊雄提出不信任案，但自從連戰在春季敗選後，國民黨在民調中的支持率一直低於二〇％。若通過不信任案，勢必面臨立法院解散及重新選舉，這是國民黨無法承受的。民進黨身為少數派執政黨，正是看準了國民黨的這個弱點，才敢大膽採取攻勢，沒想到國民黨竟與親民黨及新黨聯手，試圖推動罷免總統、副總統，導致政局陷入混亂。雖然罷免正副總統的行動不獲民意支持，加上民進黨發動大規模示威，在野黨最終只得放棄，但立法院的預算案因此一再延宕，股市也持續下跌。

核四問題最終交付司法院大法官會議進行違憲審查，以判斷行政院停止興建的決定是否合憲。隔年（二〇〇一年）二月，大法官會議裁定行政院決定程序有瑕疵，民進黨內閣因而撤回停建決定，這起紛爭才告落幕。然而這段期間的政治亂象不僅增強了輿論對陳水扁政治手腕及立法院能力與見識的不信任感，甚至對經濟造成衝擊。

陳水扁在選舉期間提出的施政理念是「新中間路線」與「全民政府」。即秉持理論上最多選民支持的「統獨」中立立場，以此尋求選民的認同，當選後組成超越黨派的「全民政府」，再依此民意基礎推動政府的運作。然而經歷了政局的混亂之後，陳水扁的構想完全落了空。追根究底，當初有將近四成的選民，即使在中國武力威嚇之下仍願意把票投給陳水扁，這其中有多少是所謂的「中間」選民？更遑論在一九九九年七月，全臺灣有超過三分之二的民眾都支持李登輝的「兩國論」，陳水扁在這樣的局勢下選擇靠向「中間」，到底有何意義？

當然以上的推論，都只是筆者作為一介外國觀察者的事後諸葛，但陳水扁的失策已經獲得了歷史的證明。中國正是巧妙地利用了這點，打從陳水扁政權上任之初，中國便頻繁邀請臺灣在野黨立委訪問中國，同時拒絕與民進黨進行官方交流。中國透過這樣的政治手段，不斷對臺灣進行施壓。另一方面，在美國、日本相繼陷入經濟衰退的背景下，臺灣經濟界更加將目光轉向中國大陸，「錢進大陸，債留臺灣」（改自政府的「前進大陸，根留臺灣」口號）的憂慮也日益增強。

當此情勢之下，李登輝出手了。他在二〇〇一年四月，歷經一波三折後，終於以心臟手術的名義，實現了訪問日本的長年心願。六月，他旋即公開表明將在民進黨之外成立一個以「臺灣優先」為宗旨的新政黨，吸收民進黨無法爭取的選票，並在選舉後與民進黨聯手取得立法院過半席次。李登輝的心腹黃主文（前內政部長）等人迅速展開行動，八月十二日正式成立「臺灣團結聯盟」。隔月，國民黨決議開除前主席李登輝的黨籍。決定陳水扁政府命運的立法院選舉，定於二〇〇一年十二月一日舉行投票。

小結語

臺灣本島位於「中國大陸的東南方，東北亞的西南方，東南亞的東北方」，就在「陸地亞洲」與「海洋亞洲」之間的「低壓槽」在歷史的短暫期間內反覆來去的位置上。回顧這座島嶼豐富而濃密的歷史，是本書的主旨。從嚴謹的學術角度來看，這或許是個不知天高地厚的企圖，但回想戰後日本一直缺乏對此南方鄰人的智識性描述，本書的嘗試畢竟有其價值。

由於本書的論述是以現代史為主軸，所以主要談的是「陸地亞洲」與「海洋亞洲」之間的「低壓槽」位於臺灣本島西側，也就是臺灣本島處在「海洋亞洲」的高氣壓覆蓋之下的局勢變化。在這個高氣壓之中，臺灣社會以殖民統治與威權體制的高壓統治作為代價，實現了經濟現代化與政治民主化。儘管此一過程也帶來了諸多問題，但「亞洲四小龍」（臺灣、韓國、香港、新加坡）於二十世紀末的登場，確實可視為一場世界史級的重大事件。

而在二十世紀最後的二十年，中國正是受到「亞洲四小龍」的影響，毅然改變了國家政策，同時「陸地亞洲」與「海洋亞洲」之間的「低壓槽」明顯移向中國大陸，這同樣也是世界史級的重大事件。此現象所造成（包含已經造成，以及可預測將會造成）的巨大影響，正在撼動著我們的世界，而且力量還在逐漸增強。然而「低壓槽」的移動所帶來的歷史風暴，侵襲的不是臺灣本島，而是中國大陸。今後是如此，未來也會是如此，而其對臺灣本島的影響必然有增無減。臺灣置身在此狂風之中，又將何去何從呢？

發生在中國大陸上的這場歷史風暴所帶來的中長期影響，以及相關國家（尤其是未來必然持續對亞太地區國際秩序發揮強大影響力的美國）所採取的相應行動，可想而知勢必會是左右臺灣前途的重要因素。

然而另一方面，臺灣自身的選擇同樣也是一個重要因素。概觀臺灣置身於「海洋亞洲」之中的近現代史，隨著社會的現代化發展，「臺灣大」的內部凝聚力逐漸增強，對外自主性也隨之萌芽與茁壯。臺灣社會隨著政治的民主化，開始煩惱於民眾之間互相牴觸的國族認同意識，可說正是上述歷史發展的一種寫照。歷經了民主化之後，得以透過選舉等方式決定自身命運的臺灣民眾，在臺灣前途的議題上，將會選擇什麼，又會為了什麼而躊躇？

在超過一個世紀的「海洋亞洲」歷史軌跡中，臺灣民眾所追求的事物與其他東亞諸民族相同，無非是「富裕與自由」。過去號稱「臺灣奇蹟」的經濟發展，確實讓臺灣社會在一定程度上達成了富裕的目標。但同時也造成了自然環境的破壞，使得臺灣社會在面對天災時顯得更加脆弱不堪。而民主化雖然解決了戰後臺灣面臨的箝制自由問題，以及因戰後初期歷史演變而引發的「省籍矛盾」問題，但也在冷戰後快速變動的國際環境下，產生了互相牴觸的國族認同問題，而這個問題又與東亞安全問題息息相關。在民主化中誕生的「中華民國第二共和制」，如今正背負著這些新的課題而掙扎奮鬥著。

續章一

臺灣總統選舉觀察二十五年

——持續變動與躊躇的認同意識

一、前言——什麼是臺灣總統選舉？

二〇二〇年一月的二合一（總統、立法委員）選舉

二〇二〇年一月十一日，臺灣舉行了第七次總統直選，現任總統蔡英文（八百一十七萬票）以超過二百六十多萬票的懸殊差距，擊敗了在野的中國國民黨候選人韓國瑜（五百五十二萬票），成功連任。同一天也舉行了立法委員選舉。執政黨民進黨雖然席次減少七席，但仍保住了過半數席次（總席次一百一十三席中獲得六十一席）。目前臺灣的國會為單院制，過去發揮一定程度國會功能的國民大會，已於陳水扁第二任期時經朝野協商達成的第七次修憲中廢除[1]。

此外，在此次立法院選舉中，有不少自二〇一四年「太陽花學運」之後因年輕族群政治意識高漲而誕生的小型政黨也積極參與競選。儘管這些小型政黨最終取得的席次數量不多，但在競選活動期間的一舉一動頗為引人注目。現代臺灣政治史上多黨制政黨政治的濫

觴，應追溯至一九八六年現任執政黨民進黨成立，打破了國民黨一黨專政的局面。此後成立的「新黨」與「親民黨」，都是因為對李登輝的領導與政治路線感到不滿，而從國民黨分裂出去的勢力。然而本次選舉登場的「時代力量」與「基進側翼」（後改稱「台灣基進」），則是在民進黨之後首次透過由下而上的社會運動成立的政黨，因此未來動向備受矚目[2]。

至於「太陽花學運」，則是指二〇一四年春天，當時的執政黨國民黨試圖在立法院強行通過由馬英九政府與中國在前一年簽署的「服貿協議」，學生和青年為表抗議而占領立法院議場，進而引發的一場大規模公民運動。運動發展期間，總統馬英九與立法院院長王金平（相當於國會議長）間的黨內高層對立也造成了一定影響，最終民眾勢力成功阻止立法院通過協議。學生們在仔細清掃過立法院議場後，以和平方式退出立法院。這一事件扭轉了當時臺灣社會對中國影響力擴大（即所謂的「中國因素」）[3]感到無力的社會氛圍，並導致同年秋季的縣市長選舉國民黨大敗。此後國民黨未能有效重振士氣，最終在二〇一六年的總統選舉中敗給民進黨的蔡英文。

臺灣總統選舉的制度

現行臺灣的憲法體制，是由一九四七年施行的《中華民國憲法》，以及後來為實現民主化而制定的《增修條文》和司法院大法官會議的相關憲法解釋所構成。依據體制中對總統的定義，總統不僅是國家元首，還掌握陸海空三軍統帥權，是主導外交與國家安全的最高政治領導人[4]。經過「憲政改革」之後，臺灣每四年舉行一次全民普選，由選民一人一票直接選出前述的最高權力者。候選人以總統與副總統搭檔組合參選，獲得最多票數的組合即當選，屬於相對多數當選制。如果採用類似現行法國總統選舉的過半數當選制，則若第一輪投票無人過半，便需進行第二輪投票，但臺灣的制度並未採用此方式。

從國際政治及國際活動的角度來看，因為第一屆總統選舉於一九九六年三月舉行，所以之後每逢奧林匹克運動會舉辦的當年，臺灣都會先行舉行總統選舉，而在奧運會結束後的同年十一月，則會舉行對臺灣政治具重大影響的美國總統選舉。雖然現在提這個還有點太早，但我先預告一下，下一輪的日期二〇二四年一月十三日舉行臺灣總統選舉投票，七月二十六日至八月十一日舉行巴黎奧運會，十一月五日舉行美國總統選舉投票。

臺灣總統選舉帶來的政權輪替與民主體制的落實

自第一屆總統直選至今，已經過了約四分之一世紀的時間，至今已舉行了七次選舉。共發生過三次政權輪替，分別為二〇〇〇年由國民黨轉為民進黨，二〇〇八年由民進黨轉回國民黨，接著二〇一六年再由國民黨轉為民進黨。二〇〇〇年當選的陳水扁、二〇〇八年當選的馬英九，以及二〇一六年當選的蔡英文都成功連任，所以政權輪替大致呈現每八年一次的規律[5]。自二〇〇八年之後，每次政權輪替，立法院的多數黨都是執政黨（二〇〇八年為國民黨，二〇一六年為民進黨）。如何評估新興民主體制在國家內部的落實程度，各界看法不一，但最常見的標準是「若能平和實現兩次政權輪替，便可視為已經落實」。若依照此一標準，臺灣的民主體制算是已經落實了。值得一提的是蔡英文在此次（二〇二〇年）當選後，獲得超過七十個國家元首的祝賀，創了歷史紀錄，這當中想必也包含了對臺灣民主體制的肯定。

持續舉行總統選舉的意義

透過民主化而實現總統直選制度，到底具有什麼樣的意義呢？我在二〇〇一年發表的著作中曾指出，透過此一制度的實現，「在中國大陸東南方、日本南方海域上，一個具備民主體制的島國誕生了。臺灣的選民無一例外地參與了從基層鄉鎮到國政層級的選舉，形成了一個『選舉共同體』」[6]。另外，從「中華民國」作為實際存在於臺灣的國家的角度來看，歷經一九八〇年代後期以來的民主化與自由化過程，「以『中華民國』的實際統治範圍（官方稱之為『中華民國自由地區』，即臺灣、金門、馬祖）的居民為主體的國民主權制度化已基本成型，戰後作為在臺灣的國家的『中華民國』，其內部正統性已實現了民主式的更新」[7]。這正是我提出的，作為戰後臺灣國家的政治結構轉變的「中華民國臺灣化」[8]的重要一環。

關於這裡提到的「國民主權」的概念，著有優秀臺灣政治研究書籍《臺灣總統選舉》的東京外國語大學教授小笠原欣幸，也認為總統選舉是個牽涉「主權」的問題。理由在就於，「由手中的選票選出最高領導人的行為，讓民眾自然而然地意識到『中華民國／臺灣為一主權獨立國家』及『我們的主權範圍只在臺灣的地理範圍之內』這兩個事實。因為選的是總統而不是行政長官或自治區首長，所以被認為是主權獨立國家。候選人的競選活動範圍及選民的資格範圍都在臺灣之內，所以主權的範圍也在臺灣之內」[9]。

小笠原教授更進一步指出，總統選舉是一種培育「臺灣認同」的制度。依據教授的看法，總統選舉最重要的爭議點在於「國家認同問題」（即臺灣應該朝向何種方向前進的路線問題，以及關於臺灣根本定位的意識形態問題）[10]。小笠原教授指出，若透過此一「國家認同問題」意識形態分布的政治光譜來觀察臺灣的政治社會，最左邊是主張臺灣獨立的「臺灣民族（國族）主義」，最右邊是主張與中國統一的「中國民族（國族）主義」。而「臺灣認同」並不是一種具有明確政治目標的意識形態，而是一種認為自身所屬政治體與中國不同的臺灣主體意識，更是一種身為「臺灣人」的自我意識，以及一種對民主化後的臺灣抱持強烈情感的模糊概念。從獨統議題來看，這群人屬於比例最高的中間派，主張「維持現狀」。小笠原教授觀察到，「在一九九六年的總統選舉之後，『臺灣認同』開始浮上檯面，而後地位逐步穩固」[11]。總統選舉的持續舉行，儘管一方面也帶來「綠營」（偏民進黨的勢力）與「藍營」（偏國民黨的勢力）的對立與分裂，但整體而言則擴大了

「臺灣認同」的基礎[12]。

國民塑型活動與人民主權展演

若以我自己的方式來表達，我認為總統選舉的持續舉行，會逐漸讓「臺灣認同」轉變為「國民意識」，可視為一種具有「國民化」作用的活動。換句話說，在臺灣政治中，總統選舉是一種塑造「臺灣國民」的制度與活動。無論在哪個國家，國政層級的民主選舉，某種程度上都有助於國民認同的形成或維持。因為無論總統制或內閣制，持續進行國政選舉，都是國民一次次選擇國家未來方向的積累成果。臺灣作為新興民主國家，而且還是一個主權遭受挑戰的不受承認國家，這種意義更為突出。

此外，這一點也關係到理解「臺灣認同」的本質。小笠原教授認為，總統選舉所培育的「臺灣認同」，是基於自己所屬的政治體與中國不同的認知所產生的臺灣主體意識。這種「臺灣與中國不同」的主體意識如果進一步深入探究，就會發現它涵蓋了「臺灣的前途由自己決定」的自我意識，也就是臺灣選民所形成的「選舉共同體」能夠決定自身前途的意識。這種擁有政治前途選擇權利的群體意識，就是主權者意識，也可以說是一種以國民（nation）自居的意識。

當我們從反方向來看，這個意義會更加明確。中國共產黨以及從前中國國民黨基於中國國族主義的官方主張，也就是所謂「一個中國」的概念，最常以「臺灣自古以來就是中國領土」這句話來解釋中國的臺灣歷史。當臺灣本來就是中國的一部分，這是不可推翻的先決條件，當然也就沒有臺灣人民意志的置喙餘地。臺灣總統選舉這樣的活動，培育的正是對抗這種中國國族主義教條思想的作用力。

正因為這一點，如今看來已經落實於臺灣內部的民主體制，實際上也與中國的「統一」思想及相關政策所構成的外在威脅互為因果關係，這也是一個極為重要的背景因素。歷經了民主化之後的臺灣，乍看之下似乎是一個「普通的民主國家」。但實際上，它仍然是一個主權遭受挑戰的「非常狀態下的國家」。因此作為「國民塑型活動」的臺灣總統選舉，同時也是一場對外展示臺灣「人民主權」的展演活動。雖然臺灣選民的國族認同意識以接納國際環境（七二年體制）箝制的「維持現狀」占大多數（詳見後文），但那只是表現出來的結果。

以下，我將透過回顧四分之一個世紀以來臺灣總統選舉的歷史，檢視其內部與對外的意義，藉以印證前述的觀點。最後，再將民主化及後民主化時期的總統選舉歷史，放在臺灣歷史的脈絡中，一併思考其意義。

二、作為國民塑型活動的總統直接選舉

1 廣泛、深入且長期的政治動員——全民參與的政治活動及自我教育機會

總統選舉是持續一整年的重要全民活動——初期、中期、後期的發展

臺灣的總統競選活動，與美國總統選舉相似，是一場漫長的政治競爭。候選人、政黨、競選團隊及熱心支持者，都必須在長達一年的選戰中面對各種挑戰。以下我同樣借助

採用「近距離觀察政治學」來研究臺灣總統選舉的小笠原教授的優秀研究成果，簡單說明一下臺灣總統選舉的概況。

自從總統選舉與立委選舉合併舉行後，投票日皆設定在一月中旬左右。因此選戰的初期階段，通常從前一年農曆春節（約在一月底到二月初）結束後即揭開序幕。首先各主要政黨內部想要出馬角逐總統大位的人，都會開始爭取黨內提名。由於每次初選的規則不盡相同，各候選人也會為了制定出有利於自身的初選規則而競爭。

當然，根據各黨內部情勢不同，有時候選人的決定並沒有什麼爭議，有時則雖然狀況複雜，但最後交由黨內高層協商來決定提名候選人。如果是像這些情況，可能就不會舉行初選。而如果舉行初選，各黨通常都是在四月到六月間實施，並且在六月到七月間召開臨時大會，正式確認候選人。

大約在入夏之後，就會進入選戰的中期階段。臺灣的法律基本上並未嚴格限制選前的競選活動，因此只要確定了候選人，各黨就會開始進行宣傳。就算是無黨籍的候選人，只要蒐集到一定數量的選民連署，也可參選總統。

但是宣布參選之後，也可能因連署人數不足而中途放棄。正式登記參選的時間約在十一月中旬之後，到十二月初截止，此時包括無黨籍候選人在內，所有的候選人都會站上舞臺。

自十二月初的總統選舉公告起，便進入為期四週的後期階段。候選人每逢週末便會舉行「造勢大會」，尋求選民的支持。各陣營都會透過「造勢大會」的規模，來展現自家候選人的聲勢，以及支持者的規模。

尤其是投票日前夜的集會盛況，不僅選民，就連國內外政治觀察家也會特別關注。電視上也會連日播出多場政論節目，立場可能各自偏綠或偏藍。不過最近網路上的宣傳和影響更為重要，可以說網路已經成為臺灣選舉的主戰場。

到了投票日前十天，依法禁止發表、報導、散布、評論或引用任何與選舉相關的民調結果。在各種猜想與預測滿天飛的情況下，投票日前夜各候選人都會舉辦最盛大的「造勢大會」，即迎次日的投票[13]。

總而言之，臺灣總統選舉實質上是一場為期約一年的大型全民活動。根據小笠原教授所言，這也是臺灣選民「最有效的自我政治教育」機會[14]。

高投票率與全民大移動

如圖表1所示，過去七次臺灣總統選舉的投票率，除二〇一六年（六六・三％）外，其餘都接近或超過七五％，投票率可說是相當高。約總人口一半的一千萬至一千四百萬人，會在那一天親自前往投票所投票，從這一點來看，總統選舉無疑是一場「全民政治動員」。

事實上臺灣的特殊選舉制度，也加劇了這個現象。臺灣規定所有選民都必須在戶籍所在地投票，不允許提前投票、郵寄投票、不在籍投票或駐外使館投票。問題是選民並非全都居住在戶籍所在地，因此

圖表1　選舉動員規模

次數	時期	當選者	選民總數	投票總數	投票率（%）	總人口數
1	1996	李登輝（國民黨）	14,313,288	10,883,279	76.0	21,525,433
2	2000	陳水扁（民進黨）	15,462,625	12,786,671	82.7	22,276,672
3	2004	陳水扁（民進黨）	16,507,179	13,251,719	80.3	22,689,122
4	2008	馬英九（國民黨）	17,321,622	13,221,609	76.3	23,037,031
5	2012	馬英九（國民黨）	18,090,295	13,452,016	74.4	23,373,517
6	2016	蔡英文（民進黨）	18,782,991	12,284,970	66.3	23,539,816
7	2020	蔡英文（民進黨）	19,311,105	14,464,571	74.9	23,593,776

表格內容／若林正丈

資料來源／中央選舉委員會歷年發表資料

選舉前一天或當天清晨，就會有大批選民展開大移動。許多學生或年輕族群因戶籍仍在家鄉而必須返鄉投票，國道客運及高鐵都會變得人滿為患。

另外，只要是持有中華民國護照且過去曾在臺灣擁有戶籍超過六個月的海外居民，只要事先申請，也能返臺投票。因此也會有不少人專程搭飛機回臺參與總統選舉。

這種選民的大規模移動，足以證明選民們十分看重自己手中這一票的價值。看到臺灣民眾為總統選舉毫不吝惜金錢與時間的情景，我深深感受到新興民主國家的選民投注在選票上的熱忱。

然而選舉活動可不是投玩票就結束了。開始開票後，許多人會在自家或朋友家觀看電視即時轉播開票，有些人則會到支持的候選人競選總部前等待結果，以便聆聽候選人的勝選或敗選宣言。另一方面，開票一開始，還有不少民眾再度湧向投票所。因為根據法律規定，投票所即開票所，開票時會進行所謂「唱票」的作業，選務人員會從票箱中一張一張取出選票，向前來「監票」的選民展示，同時喊出「某某一票」，另一名人員則在後方的白板上用「正」字記錄得票數。這樣的選舉景象，起因於一九七〇年代以前國民黨政府舉行選舉的管理不佳，常引發開票不公的質疑，甚至引發暴動（一九七七年中壢事件）或接近暴動的情態。為了改善這個問題，其後政府推動選舉管理法制化，才出現了這種特殊的開票模式。

2 隨著總統選舉一同推進的「臺灣國民」的塑型

臺灣居民自我認同意識的變遷——「臺灣人」增加，「中國人」減少

戰後臺灣長期處於國民黨一黨獨裁的威權體制下，但到了一九八〇年代後期，蔣經國總統在其生命最後階段轉身推動政治自由化，進入一九九〇年代後，繼任的李登輝總統不僅讓自由化更加徹底，也讓民主化上了軌道。

正好在這個時期，臺灣政治大學選舉研究中心開始針對臺灣居民的自我認同意識進行調查。類似的民調除此之外還有很多，打從長期戒嚴令解除之前，不管是檯面上或下，就常有人提出來探討。到了政治自由化之後，這些民調更像是在公共言論空間針對國族認同

圖表 2　臺灣居民自我認同的變遷（1992-2022）

時期（年）／總統	臺灣人（%）	都是（%）	中國人（%）	沒有回答（%）
李登輝執政				
1992	18.8	49.1	23.2	8.9
1995	25.0	47.3	20.5	7.3
1996	23.1	50.9	15.8	10.2
1999	39.3	44.1	10.7	5.9
陳水扁執政				
2000	36.9	43.8	13.1	6.2
2003	43.2	42.9	7.7	6.3
2004	40.6	48.3	6.3	4.9
2007	43.7	44.5	5.4	6.5
馬英九執政				
2008	46.1	45.4	3.4	5.1
2009	51.6	39.8	4.2	4.4
2010	52.7	39.8	3.8	3.7
2011	52.2	40.3	3.9	3.7
2012	53.7	39.6	3.1	3.6
2013	57.1	35.8	3.8	3.3
2014	60.6	32.5	3.5	3.5
2015	59.5	33.3	3.3	4.0
蔡英文執政				
2016	58.2	34.3	3.4	4.1
2017	55.5	37.0	3.7	3.7
2018	54.5	38.2	3.6	3.7
2019	56.9	36.5	3.6	3.0
2020	64.3	29.9	2.6	3.2
2021	62.3	31.7	2.8	3.2
2022	60.8	32.9	2.7	3.6

表格內容／若林正丈

資料來源／國立政治大學選舉研究中心，「臺灣民眾臺灣人 / 中國人認同趨勢分佈」（1992-2022），『重要政治態度分布趨勢圖』，瀏覽網址為 https://esc.nccu.edu.tw/PageDoc/Detail?fid=7804&id=6960，讀取日期為 2023 年 5 月 11 日。

議題進行討論及爭辯的一種簡化的呈現方式。

圖表2是前述政治大學選舉研究中心針對選民「自我認同」的調查結果，統計資料從李登輝時代開始，依各政權時期進行區分[15]。這項調查以「我們社會上，有人說自己是『臺灣人』，也有人說自己是『中國人』，也有人說都是」為前提，要求回答者三選一。

一九九二年首次調查時，總統選舉還不是直接民選，但長期戒嚴令已於一九八七年解除。然而，當時回答「我是臺灣人」的比例仍低於二〇%。其後認為自己是「臺灣人」的比例逐年上升，到了李登輝執政的一九九九年接近四〇%，陳水扁執政的二〇〇七年達到四三%。

到了馬英九政府第二任期的二〇一四年，即使政府迅速向中國靠攏，自認為是「臺灣人」的比例仍超過六〇%。蔡英文自二〇一六年開始執政以來，此比例則維持在五五%前後。

相較之下，回答「我是中國人」的比例自一九九二年的二三%逐年下降，馬英九執政的二〇〇八年已下降至三%左右。

政治大學選舉研究中心的問卷調查中，並沒有針對「中國人」及「臺灣人」這兩個詞彙附加任何說明。但顯然從一九九〇年代後期，中國就開始對逐漸民主化的臺灣逐步加強外交及軍事上的壓力，到了二〇〇〇年以後，更會利用經濟從內部向臺灣施加政治壓力（中國的影響力機制）。在這種情勢下，回答「我不是中國人而是臺灣人」或「我不是臺灣人而是中國人」的自我認同意識，應可解釋為具有政治意義的國族認同表現。

但是在「我既是臺灣人也是中國人」的回答當中，可能包含至少兩種國族認同意識。一種是在政治性的國族認同上是臺灣人，但文化上卻是中國人；另一種則是在政治性的國族認同上是中國人，但因長期居住臺灣，因此在地域認同上覺得自己也可以稱作臺灣人。換句話說，在這個選項之中，亦包含國族認同為臺灣人或中國人的受訪者。

二選一的情況

為了排除這份民調中殘存的模糊性，以下簡單介紹其他要求受訪者在「臺灣人」或「中國人」之間二選一的民調，以及不同年齡層之間的民調。

前者有「TVBS」的民調（圖表3），可惜調查時期比較短（二〇〇〇年至二〇一三年）。

這份民調除了與圖表2相同的三選一問題外，另有二選一問題。在二選一問題中，回答自己是「臺灣人」的比例，從陳水扁開始執政的二〇〇〇年的五八%，增加到馬英九第二任期的二〇一三年的七八%，比三選一問題高出二〇%以上。回答「中國人」的比例，同一時期則從一八%下降到一三%，只比三選一問題時高出十幾%。

不同年齡層的自我認同
——年輕世代的「天然臺」

目前三十歲以下的年輕世代，由於出

圖表3　臺灣居民自我認同變遷：三選一與二選一的比較（2000—2013）

時期	臺灣人（%）	都是（%）	中國人（%）	臺灣人（%）	中國人（%）	不知道／拒答（%）
2000（陳水扁）	37	51	9	58	18	24
2008（馬英九）	46	43	3	68	18	14
2009	49	44	3	72	16	13
2011	52	38	3	74	13	13
2012	55	37	3	75	15	10
2013	55	38	3	78	13	9

資料來源／TVBS民調中心，「馬習會與國族認同相關民調」（2013年10月）。

圖表 4　臺灣居民各年齡層的自我認同（2012—2015）（%）

民調機構／時期（年月）／年齡層	臺灣人	中國人	不知道／拒答
TVBS　2012/10　全年齡層	75	15	10
20 多歲	87	9	5
30 多歲	84	12	4
40 多歲	74	17	9
50 多歲	63	20	17
60 多歲以上	69	16	14
TVBS　2013/06　全年齡層	73	17	11
20 多歲	88	7	5
30 多歲	74	19	5
40 多歲	71	15	9
50 多歲	67	22	4
60 多歲以上	63	20	10
TVBS　2013/10　全年齡層	78	13	9
20 多歲	89	11	0
30 多歲	83	11	6
40 多歲	75	16	10
50 多歲	76	14	10
60 多歲以上	69	14	18
新臺灣國策智庫　2014/06　全年齡層	89.2	6.7	4.1
20 多歲	92.0	4.8	3.2
30 多歲	91.3	4.7	3.9
40 多歲	90.1	7.8	2.1
50 多歲	88.2	8.2	3.6
60 多歲以上	89.3	6.5	4.3
70 多歲以上	84.5	9.7	5.7
新臺灣國策智庫　2015/06　全年齡層	87.8	7.0	5.2
20 多歲	94.9	0.7	4.4
30 多歲	96.2	2.1	1.7
40 多歲	82.8	10.2	7.0
50 多歲	84.5	10.3	5.2
60 多歲以上	82.7	10.0	7.4
70 多歲以上	82.0	10.7	7.3

資料來源／參照 TVBS 民調中心（2012、2013）及新臺灣國策智庫（2014、2015b）的民調。

生於臺灣民主化之後，因此對於兩岸差異有著強烈的意識，很自然地認為「自己是臺灣人」。這個世代自二〇一四年「太陽花學運」後開始受到矚目，曾一度被稱為「天然獨」，最近則改稱為「天然臺」，意思是指自然擁有臺灣國族認同意識的世代。

圖表4是前述「TVBS」與綠營智庫組織「新臺灣國策智庫」所進行的民調。由於是在「太陽花學運」前後的資料，「臺灣人」比例可能偏高，但可觀察到「天然臺」的傾向確實存在。反過來說，二十幾歲年輕人中有接近九〇％具有「臺灣人」的國族認同意識，想必這也是「太陽花學運」得以興起的背景因素之一。

三、國際社會中的臺灣總統選舉——「七二年體制」的兩面性

1 中美關係夾縫中的臺灣總統選舉

何謂「七二年體制」？——國際社會對臺灣的定位布局

在此民意背景下進行的臺灣總統選舉，在臺灣所處的國際環境中又具有什麼樣的意義呢？又或者，國際環境對總統選舉造成了什麼樣的影響？為探究這一點，首先我想簡單說明一下「七二年體制」這一概念，以釐清臺灣所處的國際環境。

約半個世紀前的一九七一年七月，時任美國總統尼克森宣布訪問中國，導致全世界不管是在經濟還是外交層面，都蒙受了「尼克森衝擊」。當時還在就讀大學四年級的我，看了新聞後嚇了一大跳。我記得很清楚，當時我還跟朋友激動地討論這件事。同年十月，中華人民共和國在聯合國大會上被承認為「正統的中國政府」，不僅加入了聯合國，而且成為安理會常任理事國。臺灣的中華民國（以下稱臺灣）因此失去聯合國及其相關國際組織的會員資格。自此之後，世界各國紛紛與中華人民共和國建交，同時與臺灣斷交。

隔年（一九七二年）二月，尼克森總統訪問中國，與主席毛澤東、總理周恩來會談後，達成改善雙方關係的協議，並發表了共同聲明（《上海公報》）。同年九月，日本首相田中角榮訪問中國，促成中日邦交正常化，並與臺灣斷交。

隨著國際社會對臺灣的態度大幅轉變，在接下來的大約十年間，國際社會逐漸形成了一套對待臺灣的共通原則，那就是與中國建交時①承認中華人民共和國在國際社會上代表中國，②以某種形式表達理解中國主張臺灣為中國一部分的立場，③公開表示不與臺灣建立官方關係。我根據中美發布《上海公報》的年分，將這個體制稱為「七二年體制」。有些學者會以「七二年體制」來代表一九七二年中日建交並與臺灣斷交之後的中日臺三方關係框架，但我的「七二年體制」指的是以中美兩個大國互相妥協為基礎所形成的國際布局，而中日臺三方關係框架僅為其中的一部分[16]。

在臺灣問題上，中國共產黨認為自己是中國內戰的勝利者，有權利百分之百地享有勝利的果實，並主張「中國只有一個，臺灣在中國的主權之內。解決臺灣問題是中國的內政問題，不放棄使用武力」。這就是所謂的「一個中國原則」。由於此原則強調的是中國共產黨作為中國內戰勝利者的立場，也可以稱為「中國內戰原則」。

但美國從來不使用「一個中國原則」這種說法，只稱之為「一個中國政策」，其立場為「承認中華人民共和國在國際社會上代表中國，但解決臺灣問題必須以和平的方式」。這就是美國所抱持的「和平解決原則」。而在一九七九年初，美國與中華人民共和國建交、並與中華民國斷交後，《中美共同防禦條約》於年底失效，美軍從臺灣撤離。美國國會為了因應此局勢，制定了《臺灣關係法》，明文規定「為了和平解決臺灣問題及防衛臺灣，將提供美國製造的武器給臺灣」，也就是透過對臺軍售政策，將「和平解決原則」法制化。

從國際政治史的角度來看，「七二年體制」其實就是中國共產黨的「一個中國原則」（實質上是「中國內戰原則」）與美國的「一個中國政策」（實質上是「和平解決原則」）互相妥協的產物。從臺灣的角度來看，可以發現在這個體制下，臺灣一直仰賴美國的支援，並且獲得了實質上的獨立保障，後來才發展出民主化，以及我所稱的「中華民國臺灣化」。然而另一方面，這也讓臺灣在國際社會上依然未被承認為主權國家，沒有受到國際承認的正式國名，國際上的身分也處於曖昧不明的狀態。

這一點即使是臺日關係也不例外，一九九九年臺灣發生九二一大地震時，日本提供了援助，到了二〇一一年日本發生東北大地震時，臺灣也以提供援助回禮，而且超越了前者。

由此可看出臺日之間的關係相當友好，但日本並無恢復承認臺灣國家地位的跡象。對臺灣的民主化與民主體制持肯定態度的美國，在這一點上的立場也是相同的。因此「七二年體制」對臺灣的民主化及臺灣化來說，具有正反兩面的意義。

北京與華府的「不受歡迎人物」

「七二年體制」與臺灣總統選舉之間，這些年來有著什麼樣的關聯性？在圖表5中，我依據自身的判斷，整理出了歷屆總統選舉與中美兩大國政府的反應。

所謂的「不受歡迎人物」（persona non grata），原本是外交術語，我用來指在華府或北京的決策高層眼裡，最好不要當選臺灣總統的人物。在過去七次總統選舉的候選人中，所有民進黨候選人都被北京視為「不受歡迎人物」，相較之下，國民黨候選人中只有一名，這個例外人物就是李登輝。

一九九五年李登輝與司馬遼太郎對談時，使用了「生為臺灣人的悲哀」一語來表達貼近臺灣意識的歷史觀。之後李登輝更以「度假外交」名義巡訪東南亞諸國，終於讓中國開始將他視為「臺獨分子」而提高警戒。一九九五年六月初，李登輝以非官方身分訪問美國，作為「度假外交」的最後一站。雖然名義上是「參加博士學位母校康乃爾大學的同學會」，但此次訪問成為打響臺灣知名度，並向國際社會宣傳臺灣即將在一九九六年以總統直選完成民主化的絕佳政治舞臺。因此當時歐美媒體稱李登輝為「民主先生」。

當時中國的江澤民政府透過宣傳機關長期對李登輝進行個人攻擊，一九九五年夏季甚至在臺灣海峽強行發動軍事演習並發射飛彈，當時中文媒體稱之為「文攻武嚇」。美國於是派遣兩支航空母艦打擊群前往臺灣海峽，讓第一次總統選舉得以順利舉行，李登輝也順利當選。

而民進黨候選人中，二〇〇四年的陳水扁、二〇〇八年的謝長廷及二〇一二年的蔡英文這三人，同樣被華府視為「不受歡迎人物」。

其中，二〇〇四年陳水扁被華府視為「不受歡迎人物」，是因為他在競選連任過程中喊出「公投制憲（不依《中華民國憲法》規定的程序，直接以公民投票的方式制定新憲法）」的口號。這其實是陳水扁為了對抗國民黨主席連戰在此次選舉中與親民黨宋楚瑜合作（等於上次二〇〇〇年選舉中的第二、三名攜手合作）的選戰策略。再加上他口口聲聲強調「愛臺灣」，引發了北京胡錦濤政府的高度警戒。不過胡錦濤政府並沒有直接威脅臺

中美雙方反應				
觀感	美國總統	中國共產黨總書記	美國的應對方式	中國是否有直接威嚇：採取方式
★ ★	比爾 柯林頓	江澤民	1995 年接受李登輝訪美。選舉期間派遣兩支航母打擊群接近臺灣海峽。	有：臺灣海峽飛彈演習。
★	比爾 柯林頓	江澤民	稱讚陳水扁的「新中間路線」及和平政權輪替。	有：選舉最後階段總理朱鎔基發表威脅性談話。
★■	喬治 沃克 布希	胡錦濤	強烈警戒陳水扁的「公民投票」、「公投制憲」等連任戰略，對民進黨抱持不信任感。	無：透過華府施壓。
★■	喬治 沃克 布希	胡錦濤	警戒即將卸任的陳水扁對選舉的影響力，持續對民進黨抱持不信任感。	無：透過華府施壓。
★■	巴拉克 歐巴馬	胡錦濤	對陳水扁時期的民進黨仍抱持強烈的不信任感。	無：透過經濟交流等溫和手段支持馬英九。
★	巴拉克 歐巴馬	習近平	肯定蔡英文的「維持現狀」路線。	有：2015 年 3 月習近平發表談話威脅民進黨，表示「九二共識」若遭動搖則將「地動山搖」，11 月習近平突然於新加坡與馬英九舉行會談。
★	唐納 川普	習近平	在中美關係惡化背景下，決定向臺灣出售 F16V 戰機。	有：中國軍機、船艦在臺灣近海活動增加，12 月 20 日航空母艦「山東號」通過臺灣海峽。

圖表 5　臺灣總統選舉與中美的反應

選舉各項指標			
次數	年度	候選人（政黨）／粗體字為當選者／＊記號為外省人	各候選人得票率％
1	1996	李登輝 連戰（國民黨）	54.00
		彭明敏 謝長廷（民進黨）	21.13
		林洋港 郝柏村*（新黨推薦）	14.90
		陳履安 王清峰（無黨籍）	9.98
2	2000	連戰 蕭萬長（國民黨）	23.10
		陳水扁 呂秀蓮（民進黨）	39.30
		宋楚瑜* 張昭雄（無黨籍）	36.84
		李敖* 馮滬祥*（新黨）	0.13
		許信良 朱惠良*（無黨籍）	0.63
3	2004	連戰 宋楚瑜*（國民黨 親民黨）	49.89
		陳水扁 呂秀蓮（民進黨／臺聯支持）	50.11
4	2008	馬英九* 蕭萬長（國民黨）	58.45
		謝長廷 蘇貞昌（民進黨）	41.55
5	2012	馬英九* 吳敦義（國民黨）	51.60
		蔡英文 蘇嘉全（民進黨）	45.63
		宋楚瑜* 林瑞雄（親民黨）	2.77
6	2016	朱立倫*〔最初為洪秀柱*〕王如玄（國民黨）	31.04
		蔡英文 陳建仁（民進黨）	56.12
		宋楚瑜* 徐欣瑩（親民黨 民國黨）	12.84
7	2020	韓國瑜* 張善政（國民黨）	38.61
		蔡英文 賴清德（民進黨）	57.13
		宋楚瑜* 余湘（親民黨）	4.26

北京及華府對候選人的觀感：

★代表北京的「不受歡迎人物」，■代表華府的「不受歡迎人物」

表格內容／若林正丈

資料來源／各年度中央選舉委員會發表資料

灣，而是透過華府向臺灣施壓。二〇〇三年十二月總理溫家寶訪美，成功讓布希總統親口說出「反對臺灣領導人單方面改變現狀的言行」，這幾乎是點名陳水扁的批判性言論。

陳水扁的連任策略，不僅引來布希總統的疑慮，也讓華府的廣泛「安全體系」（Security Community，亦即負責安全防衛問題的政府高層、中國問題專家，以及涉及東亞政策的智庫學者們）產生不信任感。雖然陳水扁後來順利連任，但此種不信任感所造成的陰影，連累了二〇〇八年的謝長廷，以及二〇一二年的蔡英文。另一方面，由於陳水扁身邊的親信與家人接連爆出金錢醜聞，使他在國內也喪失選民的信賴，導致二〇〇八年總統選舉後，國民黨的馬英九接掌政權。這場選舉與其說是國民黨的勝利，倒不如說是民進黨自己砸了鍋。

綜觀歷屆七次選舉，有五次是北京的「不受歡迎人物」當選。如前文所述，臺灣作為新興民主國家，同時在國際社會中主權受到限制，因此臺灣的總統選舉不僅是選出政權領袖的程序，本身也是一場巨大的國民塑型活動，同時更是一場展現人民主權的活動。即便從沒有候選人以「獨立」或「統一」作為競選主張，臺灣總統選舉仍具有前述性質，原因在於臺灣總統選舉的內涵中存在著一種與七二年體制（尤其是中國的立場）完全相反的政治向量。這也使得當我們在思考臺灣總統選舉問題時，必須連同國際政治背景一併考量。

2 內建於臺灣政治中的「七二年體制」

禁止修憲的憲法修正規定

如前文所述，臺灣總統選舉是一種國民塑型與展現人民主權的活動，具有與七二年體制的中國立場完全相反的政治向量。但僅以此論述來定義臺灣總統選舉，恐怕有點把問題太過簡化。事實上在另一方面，我們也可以觀察到在臺灣總統選舉與臺灣政治中，其實內建了順應於七二年體制的「維持現狀」邏輯思維。

其中之一就是制度。《中華民國憲法》最後一次修正，是在二〇〇五年陳水扁第二任期。此次修憲大幅提高憲法修改門檻。在此之前，修憲是由國民大會負責，但這次修憲廢除了國民大會，改由立法院提出修憲案。

修憲案必須獲得立法院全體立委（非出席立委）四分之三以上同意才能成案，其後還須交付全民公投，必須經全體選民（非有效票數）過半數同意方為通過。此次修憲將修憲門檻設定得如此之高，等同於透過修憲封住了未來修憲的可能性[17]。換句話說，這就是將七二年體制的「維持現狀」內建於政治制度中。

不「獨」不「統」的候選人與「維持現狀」的民意

其二則是民意結構本身，也強迫總統候選人採取某種形式上的「維持現狀」的政治立場或政策。在這裡，我們再次使用臺灣政治大學選舉研究中心針對臺灣民眾國家選擇（獨立、統一、維持現狀）的歷年民調資料來進行分析。

圖表6是詢問受訪者以下問題：「關於臺灣和大陸的關係，有下面幾種不同的看法①儘快統一；②儘快宣布獨立；③維持現狀，以後走向統一；④維持現狀，以後走向獨立；⑤維持現狀，看情形再決定獨立或統一；⑥永遠維持現狀。請問您比較偏向那一種？」讓受訪者從六個選項之中選擇其一的問卷調查結果，單位為百分比。

在問卷調查中詢問這樣的問題，必須考慮到一個明顯的前提，那就是「選擇臺灣獨立」必然會受到來自中國「臺獨即意味著戰爭」的威嚇壓力。就算是華府，也不樂見臺灣國族主義變得過度強勢。正如前文所述，北京有時會利用華府的這種立場，透過華府對臺灣政府施壓。這正是以中美妥協為基礎的七二年體制對臺灣施加的選擇限制，我們可以合理推測臺灣選民對此都有充分的認知。由於這項調查將「維持現狀」納入選項，我們可以清楚觀察到臺灣人在國族認同上的「躊躇」，以及七二年體制對臺灣民意所施加的制約。

圖表6最直觀可以發現的一個現象，就是若與前述「自我認同意識」民調結果（圖表2至4）相比，選擇「獨立」（「儘快宣布獨立」＋「維持現狀，以後走向獨立」）的比例上升速度非常緩慢，「天花板」也較低，與前述民調中的臺灣國族認同上升趨勢並不相稱[18]。此外，若把焦點放在「維持現狀」選項上，亦可清楚看出臺灣選民在未來國家選擇的議題上，「維持現狀」出現明顯的結構化。為了更明確呈現出這一點，我將圖表6資料重新整理為下列五種傾向，並製作成圖表7：(a)「傾向獨立」、(b)「傾向統一」，以及與其相反的(c)「拒絕統一」、(d)「拒絕獨立」，以及(e)「維持現狀」。

透過圖表7，首先我們可以注意到的是(e)，也就是最廣義的「維持現狀」的占比大幅超越其他選項。其比例在陳水扁第一任期就超過八成，之後不管是在致力推動兩岸交流的

圖表 6　臺灣民眾對「統一」、「獨立」、「維持現狀」的意見分布

時期	① 儘快宣布獨立	② 維持現狀，以後走向獨立	③ 永遠維持現狀	④ 維持現狀，看情形再決定獨立或統一	⑤ 維持現狀，以後走向統一	⑥ 儘快統一	無反應
1994	3.1	8.0	9.8	38.5	15.6	4.4	20.5
1996	4.1	9.5	15.3	30.5	19.5	2.5	18.6
1998	5.7	11.5	15.9	30.3	15.9	2.1	18.7
2000	3.1	11.6	19.2	29.5	17.3	2.0	17.4
2002	4.3	13.8	15.0	36.2	15.7	2.5	12.4
2004	4.4	15.2	20.9	36.5	10.6	1.5	11.0
2006	5.6	13.8	19.9	38.7	12.1	2.0	7.9
2008	7.1	16.0	21.5	35.8	8.7	1.5	9.4
2010	6.2	16.2	25.4	35.9	9.0	1.2	6.1
2012	4.8	15.1	27.7	33.9	8.7	1.7	8.1
2014	5.9	18.0	25.2	34.3	7.9	1.3	7.3
2015	4.3	17.9	25.4	34.0	8.1	1.5	8.8
2016	4.6	18.3	26.1	33.3	8.5	1.7	7.4
2017	5.1	17.2	25.3	33.1	10.1	2.3	6.9
2018	5.0	15.1	24.0	33.4	12.8	3.1	6.6
2019	5.1	21.8	27.8	29.8	7.5	1.4	6.5
2020	6.6	25.8	25.5	28.8	5.6	1.0	6.8
2021	6.0	25.1	27.3	28.4	6.0	1.4	5.8
2022	5.2	24.4	27.7	29.4	5.9	1.3	6.0

資料來源／國立政治大學選舉研究中心，「臺灣民眾統獨立場趨勢分布」（1994－2022），『重要政治意識分布趨勢圖』，瀏覽網址為 https://esc.nccu.edu.tw/PageDoc/Detail?fid=7805&id=6962，讀取日期為 2023 年 5 月 11 日。

馬英九政府時期，還是受到中國習近平政府更強大壓力的蔡英文政府時期，這個比例都非常高，而且還在逐漸增加。接下來能看出的現象，是整理後的資料所呈現出的政治意義，或者可以說是總統選舉戰略上的意義。臺灣的總統選舉，除了一九九六年第一屆的四強鼎立局面，以及二〇〇〇年第二屆的典型三方對決之外，皆呈現國民黨與民進黨兩大勢力相互對抗的格局。基於此前提，從意識形態上的選戰策略來考慮，民進黨若只爭取與其意識形態相近的(a)「傾向獨立」選民，是無法當選總統的；同樣的道理，國民黨若只爭取(b)「傾向統一」的選民，也無法取得勝利。

接下來我們換個角度，觀察(c)「拒絕統一」與(d)「拒絕獨立」的回答比例，前者到二〇一八年為止未曾過半，後者則以二〇一八年「韓國瑜現象」[19]發生時的四成為最高值，其後逐漸下降。若從兩大政黨候選人的選戰策略來分析此資料的意義，民進黨總統候選人在二〇一九年之前，僅鞏固「拒絕統一」選民的支持，單就意識形態而言難以取得勝利。不過有兩個例外，其一是二〇〇四年的陳水扁，但前文已說明過，當時陳水扁的連任策略，不管是在內政上還是外交上，都實在過於大膽。其二是二〇一六年的蔡英文，但她的勝利有一部分得歸功於二〇一四年太陽花學運，以及其後國民黨內部因地方選舉慘敗而導

圖表7　臺灣民眾對國家選擇的態度趨勢：六選項方式（1994－2022）（％）

時期	(a)「傾向獨立」合計（①+②）	(b)「傾向統一」合計（⑤+⑥）	(c)「拒絕統一」合計（①+②+③）	(d)「拒絕獨立」合計（③+⑤+⑥）	(e)「維持現狀」合計（②+③+④+⑤）
1994	11.1	20.0	20.9	29.8	71.9
1996	13.6	22.0	28.9	37.3	74.8
1998	17.2	18.0	33.1	33.9	73.6
2000	14.7	19.3	33.9	38.5	77.6
2002	18.1	18.2	33.1	33.2	80.7
2004	19.6	12.1	40.5	33.0	83.2
2006	19.4	14.1	39.3	34.0	84.5
2008	23.1	10.2	44.6	31.7	82.0
2010	22.4	10.2	47.8	35.6	86.5
2012	19.9	10.4	47.6	38.1	85.4
2014	23.9	9.2	49.1	34.4	85.4
2015	22.2	9.6	47.6	35.0	85.4
2016	22.9	10.2	49.0	36.3	86.2
2017	22.3	12.4	47.6	37.7	85.7
2018	20.1	15.9	44.1	39.9	85.3
2019	26.9	8.9	54.7	36.7	86.9
2020	32.4	6.6	57.9	32.1	85.7
2021	31.1	7.4	58.4	34.7	86.8
2022	29.6	7.2	57.3	34.9	87.4

表格內容／若林正丈，依照圖表 6 資料重新整理，2014 年以前為隔年資料。

選項說明／①儘快宣布獨立；②維持現狀，以後走向獨立；③永遠維持現狀；④維持現狀，看情形再決定獨立或統一；⑤維持現狀，以後走向統一；⑥儘快統一。此外，尚有「無反應」項目。

致的自亂陣腳。相對來看，二〇二〇年選舉則出現了「習近平是蔡英文的最大助選員」這種說法，由此我們可以合理推測當時中國對香港強硬施壓的政策，使蔡英文陣營完全掌握了「拒絕統一」的選票。

另一方面，國民黨候選人則一貫面臨著僅鞏固「拒絕獨立」的選民支持肯定無法獲勝的處境。在陳水扁第二任期以後，民進黨在意識形態上比國民黨更具有結構性優勢，但僅靠「傾向獨立」的選民支持同樣無法勝選。因此兩大陣營都必須將自身的意識形態領地向外延伸，爭取占比最高的「維持現狀」的輿論支持。

當然有一點可以肯定，那就是總統選舉的趨勢並非只取決於國族認同的立場。但如同小笠原教授所說的，自一九九六年以來「國家認同問題」一直是臺灣總統選舉的最大交鋒議題，那麼如何因應「維持現狀」的民意，對於總統候選人而言便具有戰略上的重要意義。總統選舉是臺灣最大規模的政治活動，卻有著這樣的制約，我們可以合理認定這是國際政治對臺灣國族認同所施加的一種束縛。換句話說，七二年體制所形成的制約，使「維持現狀」在臺灣選民的意見分布中成為結構化的主流民意。

綜合以上諸點，我們勉強可以作出一個總結：臺灣總統選舉不僅是國民塑型的活動，亦是展現人民主權的活動，一方面培育了與七二年體制相互矛盾的政治向量，另一方面也使臺灣政治內建了順應七二年體制的向量。這正是我以「持續變動與躊躇的認同意識」作為副標題的理由。但若只看選民自我意識中的國族認同，那就幾乎不存在躊躇了。

四、結語——登場於「諸帝國邊緣」的「臺灣國民」

最後，我想在臺灣歷史的脈絡之中，思考前述總統選舉的意義。

臺灣本島原本是只有原住民族居住的地域，但從十七世紀開始，有對岸中國的漢族移居並進行農業開墾。其後歷經荷蘭東印度公司與鄭氏小王朝的短暫統治，臺灣被納入了中國大陸清帝國版圖之內。直至十九世紀末為止，臺灣作為清朝內部殖民地，漢族社會不斷擴張。

進入近代之後，臺灣經歷了半世紀的日本殖民統治，隨著第二次世界大戰日本戰敗，臺灣開始受中華民國統治。其後，中華民國因中國內戰失利而逃至臺灣。戰後東西冷戰時期的臺灣作為美國帝國體系下的反共前哨基地，接受了美國大量的軍事與經濟援助。美國在一九七〇年代初與冷戰時期的敵人中華人民共和國達成妥協，一九七九年美國與中國建交並與臺灣斷交，臺灣從此進入七二年體制之中。

若要用一句話來描述臺灣的歷史特質，那就是「諸帝國邊緣」。基於臺灣歷史的這種特質，我們可以說臺灣在近半世紀的七二年體制之內，經歷民主化與臺灣化，四分之一世紀以來藉由總統選舉作為國民塑型及展現人民主權的活動所培育出的「臺灣國民」，擁有臺灣歷史上首次屬於「臺灣大」的政治主體性。

然而在國際社會上，也就是在七二年體制之內，前述情況下的臺灣仍被迫處於一種「負片」（Negative）般的特殊狀態。若要給現今在臺灣的國家下一個定義，或許我們可以說她是一個主權面臨嚴重挑戰，卻又曾為聯合國安理會常任理事國的特殊不受承認國，同時也是由經民主選舉產生的政府所治理，疆土實質上為臺灣尺寸大的國族國家（Nation-state）。因為太過複雜，所以必須使用如此多的形容詞句才能加以描述。

這種複雜性，正是筆者所謂「中華民國臺灣化」的現狀，同時也是七二年體制（基於中美妥協下的對臺布局）長達半個世紀以來的運作結果。面對這樣的臺灣，美國時而抱持好感，時而視臺灣為燙手山芋，而中國則始終致力於讓這個國家歸於無效[20]。

註釋

1 國民代表大會在《中華民國憲法》中的定位為：由透過選舉產生的代表為廣大的中國人民代行主權的「政權機構」。在民主化之前，國民代表大會有權選出總統、副總統，甚至有權制定《動員戡亂時期臨時條款》來凍結憲法。因此廢除國民代表大會，乃是筆者所謂「中華民國臺灣化」（參照註8）在國家制度上的重要階段。該大會廢除後，憲法的修正改由立法院提出修正案，經選民投票通過，可說是採行了直接民權制度。由蔣介石帶進臺灣的中華民國體制大幅瓦解。這也是筆者所謂「中華民國臺灣化」的政治結構變動的一部分。

2 當年發動「太陽花學運」的青年、學生運動者們，也有不少被民進黨與柯文哲的臺北市政府吸收。而投入小型政黨的運動者們多苦惱於缺乏資源，之後這些政黨雖仍存續，但發展並不順利。另一方面，藉由太陽花學運的餘波當選臺北市長的柯文哲，在二〇一八年成功連任，隔年八月成立臺灣民眾黨，為二〇二二年任期屆滿卸任後的政治生涯預作準備。民眾黨在二〇二三年五月正式提名柯文哲參選二〇二四年一月的總統大選。民進黨於同年四月提名副總統兼民進黨主席賴清德，國民黨則於五月提名新北市市長侯友宜。

3 根據提出「中國因素」一詞的臺灣社會學者吳介民的解釋，「中國因素」指的是「中國政府運用資本與其他相關手段，對他國或境外區域從事經濟吸納，使其在經濟上依賴中國，進而執行其政治目標」。若要換一個更容易理解的說法，或許可以稱之為「中國的影響力機制」。有關這個概念的形成，以及以此概念所涉及的中國對臺灣影響力機制的滲透樣貌，可參考川上桃子、吳介民編著（津村葵譯）《中國因素的政治社會學　台灣影響力的滲透》，白水社，二〇二一年。

4 除了總統之外，行政院長亦擁有行政統轄權，但在《增修條文》中特別明定，只有總統擁有外交及國防安全的指揮權。

5 憲法規定總統不得連任第三次，因此蔡英文總統在二〇二四年必然卸任，但民進黨是否會讓出政權，是否會如過去一樣以二任八年為週期發生政權輪替，目前尚屬未知數。民進黨雖在二〇二二年地方選舉大敗，但隨後推舉副總統賴清德為黨主席及總統候選人，重建黨內聲勢。目前（二〇二三年五月）尚未出現如陳水扁第二任期、馬英九第二任期所出現的政權自我崩解徵兆。

6 若林正丈，《台灣：變動與躊躇的認同意識》，筑摩書房，二〇〇一年，二一九頁（請見本書第九章）。

7 若林正丈，《台灣的政治　增補新裝版：中華民國台灣化的戰後史》，東京大學出版會，二〇二一年，二一四頁。

8 「中華民國臺灣化」指的是：戰後長期一黨專政的中國國民黨，原先堅持在臺灣的中華民國為相對於中華人民共和國的「另一個正統中國國家」，但其政治結構逐漸轉變為貼近自一九四九年以來僅統治臺灣地區的現實。此一變化可從政權菁英的臺灣化、政治權力正統性的臺灣化、國民統合意識形態的臺灣化、國家體制的臺灣化等方面的觀察獲得印證。關於中華民國臺灣化的詳細論述，請參考前揭若林著作。

9 小笠原欣幸，《臺灣總統選舉》，晃洋書房，二〇一九年，三一一頁。

10 同上，四三至四四頁。

11 同上，一八頁。

12 同上，三一一頁。

13 同上，五七至六〇頁。

14 同上，三一一頁。

15 表內亦加入了二〇二〇年、二〇二一年、二〇二二年的資料，僅供參考。

16 川島真、清水麗、松田康博、楊永明合著，《日台關係史 1945—2020 增補版》，東京大學出版會，二〇二〇年，本書為少數深入探究日本與兩岸關係中的日臺關係的概述書籍之一，有興趣者可參考之。

17 以下簡單敘述後來的修憲歷史。不管是二〇〇八年上臺的國民黨馬英九政府，還是二〇一六年再次實現政黨輪替並首次於立法院取得過半數席次的民進黨蔡英文政府，都完全沒有進行過修憲。蔡英文在二〇二〇年五月第二任總統就職演說中，將憲法修正列為施政課題之一，立法院於同年十月成立憲法修正委員會。二〇二二年春，經朝野合意，立法院通過將選舉權年齡下修至十八歲的憲法修正案，於同年十一月地方選舉時交付公民投票，但未獲選民總數過半數同意票，史上首次公投修憲失敗。連這種不涉及國家爭議的修憲也難以成立，更遑論刪除憲法中關於中華民國的中國定位論述。受制於內外環境因素，目前就算只是讓立法院通過憲法修正案都難以實現。

18 有一個例外，那就是二〇一八至二〇二〇年。這個時期的快速攀升，應是習近平政權對香港民主運動發動鎮壓引發的反彈效應。此後雖維持高位，但停滯不前。

19 「韓國瑜現象」指的是二〇一八年地方選舉中，國民黨高雄市長候選人韓國瑜所引發的民粹現象。在臺灣實行民主化之後，高雄市與臺南市一直是民進黨勢力最強的地區，所以原本被外界推測可能出來參選高雄市長的國民黨實力派人物都退縮了，國民黨只好推韓國瑜出來參選。韓國瑜雖然在民主化時期擔任過立法委員，但後來一直沒有受到關注，可以說是國民黨內的邊緣人物。沒想到他在參選之後，發揮其獨特的個人言行風格，引發了一陣讓民進黨及國民黨建制派勢力都跌破眼鏡的政治旋風，成功當選高雄市長。而且這股旋風還影響了其他地區的選情，導致民進黨在此次的地方選舉中一敗塗地。國民黨趁著這股氣勢，在二〇二〇年提名韓國瑜為總統候選人，但韓國瑜敗給了成功重整民進黨聲勢的蔡英文陣營，就連高雄市長的職位也遭到罷免。

20 此即為開頭提到「中國因素」（中國影響力機制）的核心目標。相關論述請參考前揭《中國因素的政治社會學　台灣影響力的滲透》，以及〈「臺灣在哪裡？」與「臺灣是什麼？」〉。

作者說明：本篇是以筆者在二〇二〇年一月二十日於學士會午餐會上所發表演講之綱要為基礎，並經過大幅度補足及修潤而成。該綱要由《學士會會報》編輯部編輯後，刊登於該刊第九四二期（二〇二〇年五月）。當日的演講標題為〈歷史中的台灣總統選舉：「諸帝國邊緣」的國民形成與地緣政治學〉，而本篇則配合本書主旨，修改了標題。補足及修潤的部分，除了加入演講當日所提供的表格資料外，也追加了部分二〇二〇年至二〇二二年的資料。不過本篇的記述時間點仍以演講當日為基準，其後的補充內容則透過註解等形式處理。

續章二

「臺灣在哪裡？」與「臺灣是什麼？」

最近只要提到「臺海緊張局勢」，馬上令人聯想到「臺灣有事」一詞，以及背後的中美對立關係。在這種情況下所產生的臺灣印象，一般通常是地緣政治上的臺灣。這是因為臺灣位於西太平洋島鏈中央，靠近中國大陸東側海域，所以臺灣的戰略價值落入哪個大國的手中，將極大程度左右東亞的勢力抗衡關係。

像這樣的臺灣印象，在歷史上也曾多次於東亞大國間的緊張局勢升高之際浮現。長久以來，在東亞的國際政治史中，「臺灣是什麼」一直都不是重點，「臺灣在哪裡」才是真正的問題所在。即使在當前中美對立局勢下所談論的臺灣議題，儘管表面上充斥著各種外交及意識形態的修飾包裝，其核心仍在於爭奪臺灣自身的戰略價值。迄今為止，掌握此一價值的是美國，而近年中國正逐漸做好了挑戰的準備。

然而若將焦點轉移到目前的兩岸關係，所看見的景色便截然不同。兩岸關係的最深處，始終存在著一股涉及「臺灣是什麼」的特殊歷史性緊張氛圍。臺灣的地理位置不會改變，因此在地緣政治上的意義方面，無論是對立關係中的任何一方，認知基本上都大同小異。然而「臺灣是什麼」這個問題的答案，卻會在歷史中不斷生成與變化。經歷了位處諸多帝國邊緣地帶的歷史堆疊，今日我們所見到的，是二〇世紀中葉以前未曾出現過的——

臺灣本身政治主體性的崛起。

此一政治主體性，指的是臺灣當前的政治體制，儘管臺灣主權在國際社會上受到嚴重箝制，且其民主體制的自治權也遭遇嚴峻挑戰，但實質上仍以一個國族國家的姿態持續存在。「臺灣主體性」的崛起，乃是透過戰後流亡至臺灣並將其領土範圍縮小為臺灣尺寸的「中華民國」，在歷經民主化淬鍊的過程中，逐漸與臺灣社會「融合」所形成的結果。從北京政權的觀點來看，兩岸雙方過去皆位於爭奪「中國」正統性的近代中國國族主義的同一道軌道上，但在「中華民國」經歷了「融合」之後，關係產生了巨大變化。因此在北京政權眼中，臺灣似乎正逐漸遠離中國歷史應有的軌道。

換句話說，在「在哪裡」這個問題上，臺灣是被動的「遭受波及者」；但在「是什麼」這個問題上，臺灣則是「參戰主體」之一。為了達成「統一」，中國必須摧毀「中華民國」的主體性。因此中國共產黨對臺戰略的核心，就是瓦解臺灣居民在國族認同問題中的自信。其所有的政策，都帶有相同的目的，那就是打擊臺灣居民對於民主自治政治體持續存在的信心。經濟壓力和軍事威嚇固然是有效的手段，但這同時也是一場意識形態戰、資訊戰及認知戰。大家都知道，在這個意義上的「臺灣有事」其實早已成為事實。

作者說明：本篇係筆者為月刊《東亞》二〇二三年四月號撰寫的卷首引言，全文原封不動收錄於此，標題亦不作更動。該期特集主題為「如何看待臺海緊張局勢」，本篇即配合該主題撰寫。

後記

本書的前身為精裝書形式出版的《台湾—変容し躊躇するアイデンティティ》（台灣：變動與躊躇的認同意識，筑摩書房，二〇〇一年）。承蒙講談社編輯注意到了這小小的一本書，將其納入講談社學術文庫之中。我在本書前身的〈序言〉中曾提出這樣的建議：「當我們在思考『臺灣問題』時，不妨稍微回顧一下臺灣短暫、複雜而濃密的歷史。」而當今國際社會對臺灣的關注急速增加，本書能在這個時機重新編輯並以文庫本的形式出版，可說是正合我的心意。

新版文庫本出版之際，書名改為《台湾の歴史》（臺灣的歷史），這是出版社所給的建議。據負責編輯的梶慎一郎先生所述，他稍微搜尋了一下，發現尚未有以此為題的文庫本。我只思索了片刻便同意了此一更名。之所以「思索」，是因為我自一九八〇年代中期以來，便不再專注於歷史研究，而主要投入於民主化時期臺灣政治動態的觀察及研究；

之所以僅思索「片刻」，則是因為正如前述〈序言〉的那一句話，我認為要理解當前的臺灣，必須先理解其「來歷」，理解臺灣「短暫、複雜而濃密的歷史」，此一觀點至今未曾改變。

不過，我必須想辦法將當年最初版本撰寫的時空與現在出版的時空串聯起來。為此，我加入了〈臺灣總統選舉觀察二十五年——持續變動與躊躇的認同意識〉與〈「臺灣在哪裡？」與「臺灣是什麼？」〉二篇文章。此外，針對在此期間發生明顯變化的部分加上了「註解」，並在主要歷史人物（含本書前身出版後去世的人物）後加註生卒年，在書末年表中也增加了二〇〇二年至二〇二三年間的歷史事件。續章一〈臺灣總統選舉觀察二十五年——持續變動與躊躇的認同意識〉的副標題呼應本書前身之副標題，此點應該不必解釋。

除了上述串聯要素之外，內文基本上未多作更動，僅改正明顯錯誤及不充分之處（一部分予以刪除）。理由有二：一是如果修潤，結果將等同於寫一本全新的著作，因為一旦將撰寫本書的時空轉移到二〇二〇年代，觀察事物的角度必然不同，引用的史料及文獻資料也會大幅改變。二是當我重讀自己的著作時，發現內容散發著一股唯有在二十世紀末至二十一世紀初才能呈現的同時代歷史臨場感（特別是第五章以後）。當年本書精裝版前身撰寫於親歷「民主化十年」（一九八六年至一九九五年）及首次政權輪替的臺灣政治動態之際，這種活生生的體驗反映在字裡行間，如今我已無法再寫出這樣的文章，因此希望好好保存下來。

如前文所述，不管是本書誕生的契機，還是編輯過程中的指導，都必須歸功於講談社學藝部的梶慎一郎先生。謹在此表達我的謝意。

此外，在部分資料的確認上，還得到了小笠原欣幸先生（東京外國語大學名譽教授）的協助，特此致上由衷的感謝。

最後我想感謝的是在我從事臺灣研究的過程中（不知不覺已達半個世紀），曾經受到指導及幫助的所有人士。

二〇二三年八月於相模原寓所。

若林正丈

參考文獻

中文文獻

汪士淳，《千山獨行　蔣緯國的人生之旅》，天下文化出版，一九九六年，臺北。

王甫昌，〈台灣反對運動的共識動員：一九七九至一九八九年兩次挑戰高峰的比較〉，《台灣政治學刊》，臺灣政治學會，一九九六年，臺北。

王甫昌，〈台灣族群政治的形成及其表現——一九九四年台北市長選舉結果之分析〉，殷海光基金會主編，《民主．轉型？臺灣現象》，桂冠圖書，一九九八年，臺北。

郝柏村，《郝總長日記中的經國先生晚年》，天下文化出版，一九九五年，臺北。

行政院研究二二八事件小組，《二二八事件研究報告》，時報文化出版，一九九四年，臺北。

龔宜君，《「外來政權」與本土社會》，稻鄉出版社，一九九八年，臺北。

吳乃德、陳明通，〈政權轉移與菁英流動：臺灣地方政治菁英的歷史形成〉，賴澤涵主編，《臺灣光復初期歷史》，中央研究院中山人文社會科學研究所，一九九三年，臺北。

吳濁流，《台灣連翹》，前衛出版社，一九八八年，臺北。
吳密察監修，《台灣史小事典》，遠流出版公司，二〇〇〇年，臺北。
黃宣範，《語言、社會與族群意識》，文鶴出版有限公司，一九九五年，臺北。
鄒景雯，《李登輝執政告白實錄》，印刻出版，二〇〇一年，臺北。
臺灣省行政長官公署統計室編，《臺灣省五十一年來統計提要》，臺灣省行政長官公署，一九四六年，臺北。
張慧英，《超級外交官—李登輝和他的務實外交》，時報文化出版，一九九六年，臺北。
張勝彥等編著，《台灣開發史》，國立空中大學，一九九六年，臺北縣。
陳其南，《臺灣的傳統中國社會》，允晨文化，一九八七年，臺北。
陳明通，《派系政治與臺灣政治變遷》，月旦出版社，一九九五年，臺北；陳明通，若林正丈監譯，《台灣現代政治與派閥主義》，東洋經濟新報社，一九九八年。
民主進步黨政策白書編纂工作小組，《多元融合的族群關係與文化—民主進步黨的族群與文化政策》，民主進步黨中央黨部，一九九三年，臺北。
李筱峰，《台灣史100件大事上（戰前篇）、下（戰後篇）》，玉山社，一九九九年，臺北。

歐文文獻

Gold, Thomas *State and Society in Taiwan Miracle*, New York, M. E. Sharpe, 1986.

Hsiau, A-chin [蕭阿勤], *Contemporary Taiwanese Cultural Nationalism*, London, Routledge, 2000.

Shepherd , John Robert Statecraft and Political Economy on the Taiwan Frontier 1600-1800, Stanford Univ. Press, 1993.

Wang, Fu-chang [王甫昌], *The Unexpected Resurgence: Ethnic Assimilation and Competition in Taiwan*,1945-1988, Doctor thesis, Dept. of Sociology, Univ. of Arizona, 1989.

日文文獻

アンダーソン、ベネディクト（Benedict Richard O'Gorman Anderson），白石さや、白石隆譯，《增補 想像的共同體》，ＮＴＴ出版，一九九七年。

井尻秀憲編著，《中台危機の構造》，勁草書房，一九九七年。

伊藤潔，《台湾——四百年の歴史と展望》，中公新書，一九九三年。

上村幸治，《台湾 アジアの夢の物語》，新潮社，一九九四年。

衞藤瀋吉他，《中華民国を繞る国際関係》，アジア政経学会，一九六七年。
王育德，《台湾　苦悶するその歴史》，弘文堂，一九六四年。
何義麟，〈台湾人の政治社会と二二八事件――脱植民地化と国民統合の葛藤〉，東京大学大学院総合文化研究科博士論文，一九九九年。
柯旗化，《台湾監獄島》，イースト・プレス，一九九二年。
吳濁流，《夜明け前の台湾》，社會思想社，一九七二年。
駒込武，《植民地帝国日本の文化統合》，岩波書店，一九九六年。
駒込武，〈台湾植民地支配と台湾人「慰安婦」〉，VAWW—NET Japan編，《「慰安婦」戦時性暴力の実態〔I〕日本、台湾、朝鮮編》，緑風出版，二〇〇〇年。
司馬遼太郎，《台湾紀行》，朝日新聞社，一九九四年。
周玉蔻，本田伸一譯，《李登輝の一千日》，連合出版，一九九四年。
白石隆，《海の帝国》，中公新書，二〇〇〇年。
スノウ、エドガー（Edgar Snow），宇佐美誠次郎譯，《中国の赤い星》，筑摩書房，一九五二年。
戴國煇，〈中国人にとっての中原と辺境—自分史〈台湾、客家、華僑〉と関連づけて〉，橋本萬太郎編，《民族の世界史5　漢民族と中国社会》，山川出版社，一九八三年。
ベルデン、ジャック（Jack Belden），安藤次郎、陸井三郎、前芝誠一譯，《中国は世界をゆるが

す　下》，青木書店，一九六五年。
松田康博，〈中国国民党の「改造」―領袖、党、政府〉，《法学政治学論究》，慶應義塾大学大学院法学研究科，第二十一號，一九九四年。
松田康博，〈蔣経国による特務組織の再編―特務工作統括機構の役割を中心に〉，《日本台湾学会報》，第二號，二〇〇〇年。
マン、ジェームズ（James Mann），鈴木主税譯，《米中奔流》，共同通信社，一九九九年。
宮崎市定，《中国史　下》，岩波書店，一九七八年。
毛里和子，《中国とソ連》，岩波書店，一九八九年。
毛里和子、毛里興三郎譯，《ニクソン訪中機密会談録》，名古屋大学出版会，二〇〇一年。
矢内原忠雄，《帝国主義下の台湾》，岩波書店，一九二九年；矢内原忠雄，若林正丈編，《矢内原忠雄「帝国主義下の台湾」精読》，岩波書店，二〇〇一年。
劉進慶，《戦後台湾経済分析》，東京大学出版会，一九七五年。
林成蔚，〈もう一つの「世界」?—東アジアと台湾の福祉国家〉，《日本台湾学会報》，第一號，一九九九年。
周婉窈，濱島敦俊監譯，石川豪、中西美貴、中村平譯，《増補版　図説　台湾の歴史》，平凡社，二〇一三年。

若林正丈，《台湾　分裂国家と民主化》，東京大学出版会，一九九二年。
若林正丈、谷垣真理子、田中恭子編，《原典中国現代史　第7巻　台湾、香港、華僑華人》，岩波書店，一九九五年。
若林正丈，《蔣経国と李登輝》，岩波書店，一九九七年。
若林正丈，《增補版　台湾抗日運動史研究》，研文出版，二〇〇一年。

2019	習近平在對臺政策中強調「一國兩制」（1 月）。立法院通過同性婚姻法案（5 月）。香港爆發反對逃犯引渡條例的大規模示威，並遭到激烈鎮壓（6 月）。臺北市長柯文哲組建臺灣民眾黨（8 月）。
2020	新型冠狀病毒疫情爆發。總統選舉，蔡英文擊敗國民黨的韓國瑜，取得壓倒性勝利（1 月）。台灣積體電路製造公司（TSMC）宣布將在美國亞利桑那州建設半導體工廠（5 月）。中國全國人民代表大會祕密審議通過《香港國家安全維護法》（6 月）。李登輝逝世（7 月 30 日）。
2021	台積電宣布在日本熊本縣成立子公司營運半導體工廠（12 月）。
2022	俄烏戰爭爆發（2 月 24 日）。美國眾議院議長裴洛西訪問臺灣，中國解放軍在臺灣周邊進行發射飛彈等大規模軍事演習（8 月）。中國共產黨召開第二十次全國代表大會，習近平第三度當選總書記（10 月）。
2023	蔡英文總統出訪中美洲，回程過境美國，與美國眾議院議長麥卡錫會晤，中國解放軍進行大規模軍事演習表達抗議（4 月）。

表格內容／若林正丈

編註：臺灣歷史大事年表為橫式排列，文起 345 頁。

2008	首次實施單一選區制的立法院選舉，國民黨大勝（1月）。總統選舉，國民黨的馬英九大勝（3月）。蔡英文當選民進黨主席（5月）。 陳水扁因總統特別費貪污等罪名遭逮捕、起訴（11月12日）。中國海峽兩岸關係協會會長陳雲林訪問臺灣（11月）。兩岸直航正式啟動（12月）。
2009	中央研究院研究員吳介民發表論文，針對中國透過經濟影響臺灣政治的「中國因素」提出警告（2月）。中國共產黨總書記胡錦濤與國民黨主席吳伯雄會談（5月）。
2010	締結《海峽兩岸經濟合作架構協議》（ECFA）（6月）。
2011	日本發生東北大地震，臺灣提供大量捐款（3月）。中國開放人民赴臺灣個人自由行（6月）。
2012	總統選舉，馬英九連任（1月）。習近平當選中國共產黨總書記（11月）。
2013	締結《海峽兩岸服務貿易協議》（6月）。
2014	學生反對《海峽兩岸服務貿易協議》，占領立法院議場，迫使立法院中止通過協議（3月18日至4月10日）。 香港發生要求行政長官普選的「雨傘運動」（9月至12月）。 執政的國民黨在地方選舉慘敗，無黨籍柯文哲當選臺北市長（11月）。
2015	習近平與馬英九在新加坡會談（11月）。
2016	總統選舉，民進黨蔡英文當選，立法院選舉民進黨首次取得過半席次（1月）。 蔡英文就任總統，拒絕接受「九二共識」，中國因此拒絕透過既有窗口機構與臺灣對話（5月）。 蔡英文總統向原住民族代表致歉，承認歷史上的壓迫與歧視，並將8月1日定為「原住民族日」（8月）。
2017	日臺聯絡機構分別更名為日本台灣交流協會與臺灣日本關係協會（1月5日）。立法院通過公務員年金改革法案（6月）。
2018	蔡英文總統在雙十節演說中首次使用「中華民國臺灣」一詞（10月）。受「韓國瑜現象」影響，執政的民進黨在地方選舉中慘敗（11月）。

1999	李登輝發表「中國與臺灣是特殊的國與國關係」言論（7月8日）。臺灣中部發生大地震（9月21日）。國民黨議員揭發宋楚瑜金錢醜聞（12月）。
2000	國小課程規定母語教育為必修科目（1月）。總統選舉，民進黨陳水扁當選（3月18日）。李登輝辭去國民黨主席職務（3月24日）。宋楚瑜成立親民黨（3月31日）。 陳水扁就任總統，對中國提出「四不一沒有」（5月20日）。因核四爭議，行政院長唐飛（國民黨）辭職，民主黨張俊雄接任（8月）。行政院決定停止興建核四，引發政局動盪。
2001	金門與廈門之間開始實施「小三通」（1月）。前總統李登輝訪問日本（4月）。以李登輝為精神領袖的新政黨「臺灣團結聯盟」成立（8月）。國民黨開除李登輝黨籍（9月）。美國發生九一一恐怖攻擊事件（9月11日）。兩岸完成加入世界貿易組織（WTO）手續。
2002	臺灣加入WTO（1月）。陳水扁總統發表「一邊一國」論述（8月）。
2003	源自中國的嚴重急性呼吸道症候群（SARS）疫情擴散至臺灣。美國總統布希會見中國總理溫家寶時批評陳水扁的兩岸立場（12月）。
2004	總統大選前夕發生陳水扁槍擊事件，民進黨陳水扁以些微差距連任，國親支持者質疑選舉不公，在總統府前靜坐抗議（3月）。立委選舉，民進黨未能取得過半數席次（12月）。
2005	《原住民族基本法》施行（2月）。中國全國人民代表大會制定《反分裂國家法》（3月）。國民黨主席連戰訪問中國，與中國共產黨總書記胡錦濤會談，雙方發表共同聲明確認「九二共識」，並約定之後每年舉行「國共論壇」（4月）。 國民大會通過第七次修憲案（廢除國民大會，立法院任期改為4年，議席減半，實施單一選區兩票制）（6月）。陳水扁身邊爆發貪污醜聞（8月）。
2006	陳水扁女婿涉及土地交易弊案遭起訴（5月）。臺北爆發要求陳水扁下臺的大規模示威活動（9月）。陳水扁妻子吳淑珍因總統特別費案遭起訴（11月）。

1991	制定大陸政策指導方針「國家統一綱領」。第一次修憲，國民大會廢止《臨時條款》。廢止《懲治叛亂條例》。民進黨通過「公投臺獨」綱領（10 月）。 全面改選國民大會代表（12 月）。政府核准設立 15 家民間銀行。蘇聯解體。
1992	中國鄧小平「南方談話」。中國與韓國建交（8 月 24 日）。臺灣修訂《刑法》100 條，「政治犯」從此消失。立法院全面改選，民進黨躍進（12 月）。波灣戰爭爆發。
1993	首位本省籍行政院長就任。推動加入聯合國。辜振甫、汪道涵在新加坡舉行會談。「黑金政治」批判聲浪高漲，規定公職人員必須公開資產。國民黨內反李登輝派另組「新黨」（8 月）。
1994	李登輝展開「度假外交」。修憲採用「臺灣原住民」稱呼。舉行臺灣省長、臺北市長、高雄市長選舉。臺北市出現「新黨現象」與「棄黃保陳」現象。 李登輝在臺灣省長選舉中支持宋楚瑜，提出「新臺灣人」論述。
1995	李登輝以國家元首身分向二二八事件受難者道歉（2 月 28 日）。「江澤民八點」與「李登輝六條」相互交鋒。李登輝訪問美國，中國進行「文攻武嚇」（第一次臺灣海峽飛彈演習）。
1996	美日高峰會議發表《美日安保聯合宣言》（4 月 17 日）。中國進行第二次臺灣海峽飛彈演習，美國派航空母艦通過臺灣海峽作為回應。 首次總統直選，李登輝當選，成為首位民選總統（5 月 20 日）。李登輝提出投資對岸的「戒急用忍」政策。召開國家發展會議，國民黨與民進黨達成凍省共識。
1997	國民大會通過臺灣省凍結案，反對的宋楚瑜與李登輝關係破裂。香港主權返還，開始實施「一國兩制」（7 月 1 日）。國中課程新增「認識臺灣」（9 月）。
1998	美國總統柯林頓在上海提出「三不政策」（6 月 30 日）。辜振甫訪問中國，與汪道涵、江澤民會談（10 月）。臺北市長選舉，陳水扁落選（12 月 7 日）。實施凍省，宋楚瑜失去官職（12 月）。

1973	宣布「十大建設」計畫。
1975	蔣介石逝世（4 月 5 日），蔣經國接任國民黨主席。康寧祥等人創辦《臺灣政論》，隨後被禁。
1976	毛澤東逝世（9 月 26 日）。中國「四人幫」遭逮捕。
1977	中壢事件（11 月 19 日）。
1978	美國宣布將與中國建交，臺灣增額民代選舉中止。中國停止對金門的單日砲擊。蔣經國就任總統。
1979	美國與中國建交（1 月 1 日）。中國對臺灣提出「祖國和平統一」與「三通四流」。美國制定《臺灣關係法》，廢止對臺的《中美共同防禦條約》。美麗島事件（12 月 10 日）。
1980	林義雄滅門命案（2 月 28 日）。美麗島事件公開審判。舉行先前因中美建交中止的增額民代選舉。
1981	舉行地方選舉，黨外的陳水扁、謝長廷等人當選臺北市議員。中國葉劍英提出「祖國統一九條方針政策」。
1983	舉行增額民代選舉，黨外選舉後援會提出「住民自決」。
1984	蔣經國連任總統，李登輝任副總統。中英就香港主權返還簽署共同聲明。
1986	民主進步黨成立（9 月 28 日）。
1987	要求重新檢討二二八事件的社會運動（2 月 28 日）。解除長期戒嚴令（7 月 15 日）。開放臺灣居民赴大陸探親（11 月 2 日）。
1988	解除新報紙發行禁令（1 月 1 日）。蔣經國逝世，李登輝就任總統（1 月 13 日），並接任國民黨代理主席，後正式就任主席。反對美國農產品進口自由化的農民示威與警方發生衝突。
1989	臺灣財政部長率團出席在北京舉行的亞洲開發銀行理事會。中國爆發天安門事件（6 月 4 日）。舉行最後一次增額選舉，民進黨表現亮眼（12 月）。東歐社會主義政權崩潰。
1990	國民黨內部因總統選舉爆發「二月政爭」。中正紀念堂廣場發生「三月學運」。李登輝當選總統，為民主化召開跨黨派「國是會議」。於總統府內設置國家統一委員會。

1946	國共內戰全面展開（6 月）。行政長官公署禁止報紙發行日文版（10 月 3 日）。
1947	二二八事件。廢除行政長官公署，成立臺灣省政府。公布《中華民國憲法》，選舉中央民意代表。
1949	臺灣全境宣布戒嚴（5 月 19 日），實施貨幣改革。北京成立中華人民共和國（10 月 1 日）。國府中央政府遷往臺北（12 月）。三階段農地改革起步（1949-1953 年）。
1950	《中蘇友好同盟互助條約》締結。韓戰爆發（1950-1953 年）。美國第七艦隊開始常態性巡邏臺灣海峽。蔣介石著手進行國民黨的「改造」（1950-1952 年）。
1951	美國恢復對國府援助（經濟援助至 1965 年，軍事援助至 1974 年）。締結《美日安全保障條約》。
1952	《舊金山和平條約》生效，締結《中日和平條約》（4 月 28 日）。
1954	第一次臺海危機（1954-1955 年），中美會談，美國與臺灣締結《中美共同防禦條約》（12 月 2 日）。四大公營企業民營化。
1958	第二次臺海危機。改革外匯制度，推動出口振興。
1960	蔣介石第三次當選總統。《自由中國》事件。制定「投資獎勵條例」引進外資。
1962	商業電視臺開播。
1964	彭明敏《臺灣人民自救宣言》事件。
1965	陳誠逝世（3 月 5 日）。
1966	中國爆發「文化大革命」（1966-1976 年）。
1968	延長義務教育為 9 年。
1971	國府退出聯合國，中華人民共和國取得中國代表權。南北高速公路開工。
1972	美國總統尼克森訪中，發表《上海公報》（2 月 27 日）。蔣經國出任行政院長，李登輝入閣（5 月 26 日）。日本與中華人民共和國建交，國府與日本斷交（9 月 29 日）。開始實施國會增額選舉制度。

1919	朝鮮三一獨立運動，中國五四運動。臺灣總督府官制改革，田健治郎出任首位文官總督。
1920	臺灣留日學生在東京創辦《臺灣青年》。
1921	臺灣文化協會成立（10 月 17 日）。臺灣議會設置請願運動起步（1921-1934 年）。中國共產黨成立（7 月 1 日）。
1923	《臺灣民報》（採用中國白話文）創刊。「治警事件」（12 月 16 日，鎮壓臺灣議會設置請願運動）。
1924	中國國民革命，第一次國共合作。
1926	臺灣農民組合成立。
1927	左派掌握臺灣文化協會主導權（1 月 3 日）。右派與中間派成立臺灣民眾黨（7 月 10 日）。蔣介石發動反共政變（4 月 12 日），第一次國共合作破裂。
1928	於上海租界成立「日本共產黨臺灣民族支部」，即臺灣共產黨（4 月 15 日）。蔣渭水等人成立臺灣工友總聯盟。臺北帝國大學成立。
1930	霧社泰雅族抗日起義事件（10-12 月）。
1931	經鎮壓，民眾黨、共產黨、文化協會、農民組合等組織瓦解。滿洲事變（9 月 18 日）。
1936	東京發生二二六事件。臺灣總督由海軍預備役大將小林躋造接任。中國發生西安事變。
1937	中日全面爆發戰爭。中國展開第二次國共合作。臺灣總督府禁止報紙使用漢文，推行「皇民化運動」。
1941	太平洋戰爭爆發（12 月 8 日）。
1942	臺灣開始實施陸軍志願兵制（1943 年起海軍亦開始實施）。
1943	發表開羅宣言。
1944	臺灣施行徵兵制。
1945	臺灣延長施行日本眾議院選舉法。日本戰敗（8 月 15 日）。在臺日軍投降儀式，成立臺灣省行政長官公署（10 月 25 日），開始接收日方資產，企業公營化。

1856	第二次鴉片戰爭（亞羅號戰爭，1856-1860 年）。天津條約開放臺灣的淡水、安平港。
1868	日本明治維新。
1874	日本出兵臺灣南部。
1875	清廷解除渡臺限制與山地入山禁令，改採強化整合臺灣之政策。
1884	清法戰爭（1884-1885 年）。法國艦隊攻擊臺灣北部，占領澎湖島。
1885	臺灣升格為省，首任巡撫劉銘傳展開近代化政策。
1889	日本頒布《大日本帝國憲法》。成立帝國議會（1890 年）。
1894	甲午戰爭（1894-1895 年）。
1895	簽訂《馬關條約》，清廷將臺灣、澎湖割讓予日本（4 月 17 日）。為阻止割讓成立「臺灣民主國」（5 月 25 日至 10 月 19 日）。臺灣總督府舉行始政式（6 月 17 日）。日軍宣告臺灣全島平定（11 月 18 日）。
1896	帝國議會制定《六三法》（授予臺灣總督立法權）。
1898	臺灣開始推行以「國語」教育為主的「公學校」制度。清朝戊戌政變。
1902	平地漢族地方勢力反抗行動鎮壓結束。
1904	臺灣總督府完成土地調查。日俄戰爭（1904-1905 年）。
1908	臺灣西部平原縱貫鐵道（基隆至高雄）全線通車。
1910	總督府進行「蕃地討伐五年計畫」（1910-1914 年）。
1911	中國爆發辛亥革命，清朝覆滅，中華民國成立（1912 年）。
1915	總督府下令解散林獻堂等人的臺灣同化會（2 月 26 日）。噍吧哖事件（余清芳等人發動抗日起義遭血腥鎮壓）。
1918	第一次世界大戰結束。俄國革命。美國威爾遜總統提出十四點和平原則。日本發生米騷動，原敬內閣成立。

臺灣歷史大事年表

時間	事件
1360	元朝，於澎湖島設置巡檢司。
1387	明朝，為對抗倭寇，命澎湖島居民遷移至泉州。
1544	葡萄牙人遠望臺灣島，稱之為「Ilha Formosa（美麗島）」。
1563	海盜林道乾遭明軍追擊，逃至臺灣。
1602	荷蘭東印度公司成立，總部設於巴達維亞。
1622	荷蘭東印度公司占領澎湖島。
1624	荷蘭東印度公司撤出澎湖島，轉而占領今臺南附近。
1626	西班牙占領臺灣北部（1642 年遭荷蘭驅逐）。
1644	明朝滅亡，清軍進入北京。
1659	鄭成功第二次反清北伐失敗。
1661	鄭成功進攻臺灣，開始統治。
1662	荷蘭軍隊投降。鄭成功逝世。
1682	泉州人王世傑入墾竹塹（新竹）。
1683	鄭氏政權向清廷投降。
1684	清廷於臺灣設置一府三縣，隸屬福建省。頒布渡臺禁令（此後多次改廢）。
1686	客家族群進入南部下淡水溪流域開墾。
1708	陳賴章等人入墾臺北盆地。
1721	朱一貴事件（1721-1722 年）。
1786	林爽文事件（1786-1788 年）。
1796	吳沙等人入墾東北部宜蘭平原。
1840	鴉片戰爭（1840-1842 年）。英國船艦進逼臺灣沿海。

Horizon 視野 021

臺灣人的歷史
若林正丈拆解臺灣躊躇又持續變動的國族認同

台湾の歴史

作者　若林正丈
翻譯　李彥樺

明白文化事業有限公司

社長暨總編輯　林奇伯
責任編輯　楊鎮魁
文稿校對　楊鎮魁
封面設計　児日設計
內文排版　大光華印務部

出版　明白文化事業有限公司
地址：231 新北市新店區民權路 108-3 號 6 樓
電話：02-2218-1417　傳真：02- 8667-2166
發行　遠足文化事業股份有限公司（讀書共和國出版集團）
地址：231 新北市新店區民權路 108-2 號 9 樓
郵撥帳號：19504465 遠足文化事業股份有限公司
電話：02-2218-1417
讀書共和國客服信箱：service@bookrep.com.tw
讀書共和國網路書店：https://www.bookrep.com.tw
團體訂購請洽業務部：02-2218-1417 分機 1124
法律顧問　華洋法律事務所 蘇文生律師
印製　中原造像股份有限公司
出版日期　2025 年 9 月初版
2025 年 9 月初版二刷
定價　480 元
ISBN　978-626-99653-9-7（平裝）
978-626-99784-0-3（EPUB）
書號　3JHR0021

國家圖書館出版品預行編目 (CIP) 資料

臺灣人的歷史：若林正丈拆解臺灣躊躇又持續變動的國族認同 / 若林正丈作 ; 李彥樺譯 . -- 初版 . -- 新北市 : 明白文化事業有限公司出版 : 遠足文化事業股份有限公司發行 , 2025.09
面 ;　　公分 . -- (Horizon 視野 ; 21)
譯自 : 台湾の歴史
ISBN 978-626-99653-9-7 (平裝)

1.CST: 臺灣史

733.21　　114007095